Stille
des Herzens

Herausgegeben vom
The Infinity Institute
Acropolis Books, Inc.

Titel der Originalausgabe
„Silence Of The Heart",
erschienen 1997 im Eigenverlag

Übersetzung:
Marianne Savita Nentwig
© Kamphausen Media GmbH,
Bielefeld 2000
info@kamphausen.media
Lektorat: Hans-Jürgen Zander

Typografie und Satz:
Wilfried Klei
Umschlag-Gestaltung:
Wilfried Klei
Druck & Verarbeitung:
CPI Books GmbH, Leck

www.kamphausen.media

Teil 1 - 12. Auflage 2021

Bibliografische Information der Deutschen Nationalbibliothek

Die Deutsche Nationalbibliothek verzeichnet diese
Publikation in der Deutschen Nationalbibliografie;
detaillierte bibliografische Daten sind im Internet
über http://dnb.d-nb.de abrufbar.

ISBN Printausgabe: 978-3-933496-49-2
ISBN E-Book: 978-3-89901-032-9

CPi
Mehr Bäume.
Weniger CO$_2$.
www.cpibooks.de/klimaneutral

Stille des Herzens

Dialoge mit Robert Adams

Teil 1

Aus dem Amerikanischen übersetzt von
Marianne Savita Nentwig

In liebevoller Erinnerung
an unseren geliebten Robert,
der die gesamte Lehre
in seinem Lächeln übermittelte.

21. Januar 1928 - 2. März 1997

Sie sagen, dass ich sterbe, aber ich gehe nicht fort.
Wo könnte ich hingehen?
Ich bin Hier.

Sri Ramana Maharshi

Roberts Anwesenheit auf dieser Erde war das größte Geschenk des Universums. Er war Stille. Er war Liebe. Er war Sein. Seine Einfachheit und seine Anmut waren seine Lehre. Sein unendliches Verstehen beinhaltete alles, gab ihm wundervollen Humor, Aufrichtigkeit, Mitgefühl. Robert war jedermanns bester Freund. In seiner Gegenwart wurde jeder zum Kind, zu dem Kind, das er in der Kindheit nie sein durfte. Unschuldig, offenherzig, natürlich und einfach. Nichts anderes konnte vor ihm bestehen bleiben. Die Fülle seiner Präsenz ließ keinen Platz für irgendetwas anderes, keinen Verstand, keine Vergangenheit, kein Gebundensein. Befreiung von allem außer Hier und Jetzt. Das war seine Gnade.

In die endlose Leere seiner Augen schauend sagte ich: „Robert, es macht dir nichts aus, oder?" Er antwortete: „Steck einfach ein Fünfcentstück in meine Ohren, um meine Augen offen zu halten." Was für ein gewöhnlicher Mensch und dabei so außergewöhnlich! Die Köstlichkeit seiner Leere! Frei von Beurteilungen und Meinungen liebte er bedingungslos. Ich liebte es, wie er jeden auf die gleiche Weise liebte. Diese Freude seiner bedingungslosen Liebe machte jeden offen. Man konnte sehen, dass jeder Gedanke und jedes Gefühl im eigenen Verstand entstehen und darum so leicht fallengelassen werden können. Wir sind frei. Wir denken nur, wir seien es nicht. „Robert", fragte ich, „bin ich deswegen nicht frei, weil ich denke, ich bin es nicht?" Er antwortete und sah mir dabei direkt in die Augen: „Weil du denkst."

Es gibt nichts zu verstecken, nichts zu sein, nichts zu tun. Keine Regeln oder Vorschriften. Bedingungslose Liebe. Offenbarung und Verstehen, das über Verstehen hinausgeht.

Er erzählte die Geschichte unseres Leidens und zeigte uns den Weg heraus. Es gab nichts, was er nicht verstand. Wenn wir uns an seine Worte, sein Leben, seine Art, sein Gehen, sein Sprechen, seine sanften Hände, seinen Humor, seine Augen erinnern, dann sind wir frei, mit ihm in Freiheit. Denn das war er – Freiheit. Kein Name, keine Form, keine Begrenzung. Kenne dein Selbst und kenne Robert als das, was er ist und bleibt. Kenne dein Selbst und sei frei! Frei ohne Getrenntsein.

Wir erinnern uns an Robert in Freiheit. Die Freiheit, die er war und immer bleiben wird. Die Freiheit, die wir sind. Die Freiheit des ICH BIN. Robert hatte selten Vorlieben, er floss mit dem Strom des Lebens.

...Und wieder lässt er uns mit uns selbst, nach innen schauend.

Ananda Devi

Das Erste, was du dir vergegenwärtigen solltest, ist: Du wirst nie verschwinden oder sterben, weil du nie geboren wurdest. Du hast immer als Bewusstsein existiert und wirst immer als Bewusstsein existieren.

Nachdem du erwacht bist, was passiert mit dir, wenn du stirbst? Wohin gehst du? Wenn du aufwachst, bleibst du einfach, wo du bist. Du gehst nirgendwohin und kommst von nirgendwo zurück. Du bist einfach. Du bist das Selbst, du bist Allgegenwärtigkeit.

Robert Adams

Einige Leute sagen zu mir:

„Robert, warum sprichst du nicht
einfach immer nur die höchste Wahrheit?",
und andere sagen: „Robert, sprich bitte so,
dass ich verstehen kann, wovon du redest."
Das ist das Dilemma.
Somit tue ich, was immer ich tun muss.
Ich plane nichts.
Alles ist unvorbereitet.
Ich probe nicht.
Ich schreibe nichts nieder.
Ich sage nur, was aus mir herauskommt.

Dieses Buch ist der Lehre von Robert Adams gewidmet. Viel Mühe wurde darauf verwendet, seine Worte genauso wiederzugeben, wie er sie im Satsang (1991-1993) gesprochen hat. Die Tonbandaufnahmen wurden abgeschrieben, gesichtet und dann bestimmten Themen zugeordnet.

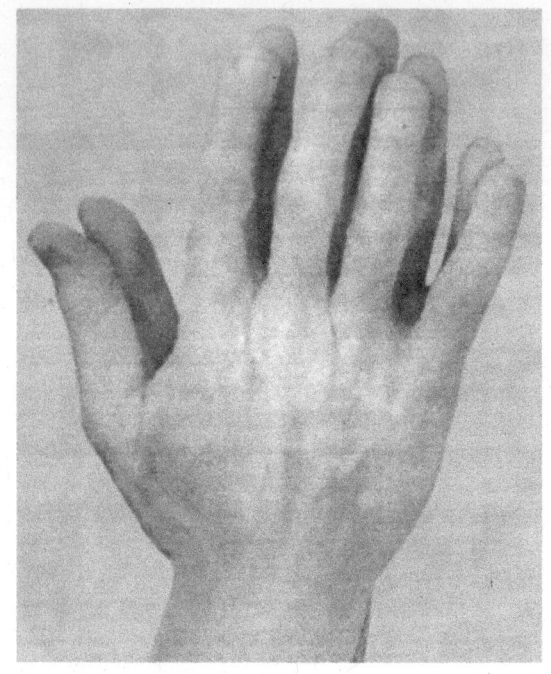

„*Er sieht das Unendliche Selbst in allem,
und alles im Unendlichen Selbst, seinem Sein.*

- Robert Adams

BEKENNTNIS DES JNANI

von Robert Adams

Für den Jnani, der sein inneres Wesens als identisch
mit dem endlosen Brahman erkannt hat,
gibt es keine Wiedergeburt, keine Seelenwanderung und keine Befreiung.
Er ist jenseits von all dem.
Er lebt beständig in seiner eigenen absolut wahren Natur.
Der Fortbestand seines Körpers und der Welt
erscheint dem Jnani als Illusion,
die er nicht verhindern,
die ihn aber nicht länger täuschen kann.
Nach dem Tod seines Körpers wie auch im Leben
bleibt er, wo und was er in alle Ewigkeit ist,
das erste Prinzip aller Wesen und aller Dinge:
Formlos, namenlos, unbefleckt, zeitlos, dimensionslos
und absolut frei.
Der Tod kann ihn nicht berühren, Verlangen kann ihn nicht quälen,
Sünden können ihn nicht beflecken;
er ist frei von allem Wünschen und Leiden.
Er sieht das Unendliche Selbst in allem,
und alles im Unendlichen Selbst,
welches sein Wesen ist.

Der Jnani bekennt seine Erfahrung so:

Ich bin unendlich, unvergänglich,
selbstleuchtend, selbstexistierend.
Ich bin ohne Anfang und Ende.
Ich bin nicht geboren, sterbe nicht, bin ohne Veränderung oder Verfall.
Ich durchdringe und durchschaue alle Dinge.
In den unzähligen Universen von Gedanken und Schöpfungen

BIN NUR ICH ALLEIN.

DEN SATGURU FINDEN

Es begann vor zehn Jahren damit, dass ich einen „Mit-Sucher"
anrief, von dem ich lange nichts gehört hatte. Monate-, jahrelang sind wir uns in der Gegend von Los Angeles während
unserer Suche nach Antworten auf die spirituellen Fragen des
Lebens begegnet. Halb scherzend begann ich das Gespräch also
mit der Frage: „Nun, hast du den Heiligen Gral schon gefunden?" Worauf er energisch antwortete: „Ja!" Er erzählte dann,
dass er einen amerikanischen Guru in der Nähe des San
Fernando Tals gefunden habe, der ein direkter Schüler von Sri
Ramana Maharshi gewesen wäre (von dem ich zu der Zeit noch
nie gehört hatte); und ich möchte hinzufügen, dass ich irgendwie sogar im Zweifel hinsichtlich des Wortes Guru war, trotz
einer gewissen Hingezogenheit zum „Östlichen" Mystizismus.

Trotzdem, nach mehrfachem Zureden entschloss ich mich,
„einmal" diesen irgendwie unweltlich wirkenden und agieren-
den Mann zu besuchen, dessen „Lehren", außer in einigen kurzen Sätzen, meistens in Stille vermittelt wurden. Und obwohl
ich gleich beim ersten Mal, als ich in Robert Adams hellblaue
Augen schaute, das Gefühl hatte, ich müsste mich an etwas
festhalten, um nicht „hineinzufallen", verbrachten mein Freund
und ich nach Wochen von Satsang mit Robert noch viele Stunden beim Kaffee miteinander (und mit uns selbst), wobei wir
diskutierten, ob er „.... vollkommen verrückt oder genial?" sei.
Wie wenig wussten wir damals, wie gesegnet wir waren und
immer sein werden.

Und von diesem ersten Donnerstag Nachmittag an war
irgendetwas an Robert in dieser Ashram-ähnlichen Umgebung
(ein u-förmiger Appartementkomplex um einen zentralen Hof

gebaut, mit Stufen, die zu einer säulenbestandenen Arkade führten, wo er oft stand und auf weniger als eine Handvoll „Schüler" wartete) so unwiderstehlich, dass ich von da an immer wieder in seine Präsenz zurückkehrte. Die Gesichter und Orte veränderten sich natürlich ziemlich drastisch über die Jahre.

Um diese bestimmte Geschichte zu erklären, könnte ich sagen, dass ich die ganze Zeit über ziemlich krank war, mich in diesem Tal nur wenig auskannte etc., aber es sollte ausreichen zu sagen, dass es eine meiner lebenslänglichen Tendenzen war, nicht nur immer in großer Eile zu sein, sondern normalerweise auch zu spät zu kommen. Satsang bildete da keine Ausnahme. Als mein Freund mich damit konfrontierte, wie störend das war (obwohl Robert das nie zu bemerken schien), fühlte ich mich so gedemütigt, dass ich schwor, lieber draußen vor der verschlossenen Tür sitzen zu wollen, um Roberts Darshan (Gnade) zu erhalten, wenn ich je wieder zu spät kommen sollte, als in seiner offensichtlichen „physischen" Präsenz.

Also ......als ich am folgenden Donnerstag bemerkte, dass ich mich wiederum trotz meiner Anstrengungen verspätete, war es eine große Erleichterung, als ich Robert sah, wie er da stand und, wie gewöhnlich, zwischen den Säulen wartete. Als ich mich beeilte, aus dem Wagen auszusteigen, beobachtete ich, wie er sich umdrehte und auf das Appartement zuging, in dem wir uns trafen, und verlor ihn nur aus den Augen, als ich atemlos, nur Sekunden hinter ihm, die Stufen hinauf rannte. Als ich den Raum betrat, saß Robert mit den anderen Satsang-Teilnehmern auf dem Boden, mitten in der Antwort auf eine Frage, die jemand ihm gerade gestellt hatte ......!

War Robert ein Jnani? Auf eine solche Frage würde er lediglich mit den Achseln zucken und antworten: „Ich habe keine Ahnung, was ich bin." Kann ein Jnani an mehr als einem Ort zugleich erscheinen (wie es oft erzählt wurde)? War er herausgekommen, um mich wissen zu lassen, dass mein Zuspätkommen in Ordnung war oder war das eine Illusion? Ist tatsächlich alles, was wir mit unseren Sinnen wahrnehmen (wie Robert uns gelehrt hat), eine Illusion des Verstandes? Wer kennt die Antwort auf diese Fragen? Ich weiß weniger und weniger mit jedem vorübergehenden Tag.

JAI, Robert, Maharshi
Für immer in Seinem Dienst, Dana

ROBERT ADAMS

Robert Adams ist ein amerikanischer selbst-verwirklichter Meister und direkter Schüler von Ramana Maharshi. Er wurde am 21. Januar 1928 in New York geboren. Seine frühesten Erinnerungen gelten einem ca. sechzig cm großen, weißbärtigen Mann, der am Fußende seines Bettchens stand und in „Kauderwelsch" zu ihm sprach. Dieser kleine Mann blieb bei ihm, bis er sieben Jahre alt war.

Dann entwickelte Robert sich zu einem Siddhi. Wann immer er irgendetwas wollte – Schokolade oder ein Musikinstrument oder Lösungen für Schulaufgaben – wiederholte er den Namen Gottes dreimal, und was immer er wünschte, es erfüllte sich.

Eines Tages im Alter von vierzehn Jahren bereitete er sich auf eine Mathematik-Arbeit vor und wiederholte auch diesmal wieder den Namen Gottes dreimal. Statt der Lösungen widerfuhr ihm ein totales Erleuchtungserlebnis, ein überwältigendes Satori, das ihn völlig veränderte. Die Welt war nicht länger real für ihn. Er sah nur noch sein Selbst, jene unveränderliche, alles durchdringende, alles beherrschende Quelle der Existenz. Alles, der Körper, die Welt, der Verstand waren nur noch Vorstellungen auf der Leinwand des unveränderlichen Selbst, ohne reale Existenz.

Er veränderte sich so sehr, dass seine Mutter glaubte, er werde verrückt. Er hatte kein Interesse mehr am Essen, an der Schule, an Büchern, an seinen Freunden oder an Hobbys. Er fühlte sich allein unter Menschen, mit denen er nichts mehr gemein hatte. Eines Tages entdeckte er das Buch: „Wer bin ich?", von Ramana Maharshi. Als er Ramanas Foto darin sah, standen ihm vor lauter Schock die Haare zu Berge. Ramana war der kleine Mann, der ihn mit seinem „Kauderwelsch" sieben

Jahre lang unterhalten hatte! Jetzt war Ramanas Kauderwelsch völlig verständlich für ihn, weil Robert nun sein eigenes Selbst erfahren hatte.

Zwei Jahre nach seiner Erleuchtung verließ er New York, um mit Paramahansa Yogananda zu sein, der ihn sofort zu einem nahen Schüler und Freund machte. Robert wollte gerne Mönch werden in dem neuen „Self-Realization Fellowship"-Kloster in Encinitas. Yogananda machte ihm klar, dass dies nicht sein Dharma sei, sondern dass er zu Ramana Maharshi gehen sollte, der ebenfalls schon in jungen Jahren ein ähnlich spontanes Erleuchtungserlebnis gehabt hatte.

So reiste Robert zum Ramana Ashram nach Tiruvannamalai in Indien, wo er die letzten drei Jahre von Ramanas Leben verbrachte. Robert sagte: „Ramana hat mir die Augen für die Bedeutung meiner Erfahrung geöffnet."

Nach Ramanas Mahasamadhi besuchte Robert, gemäß einer alten Tradition von Sadhus und buddhistischen Mönchen, während der nächsten siebzehn Jahre viele bedeutende Lehrer, um seine Erleuchtung zu überprüfen und sicherzugehen, dass sein Verstehen vollkommen war.

Wohin auch immer Robert reiste und für einige Monate blieb, wurde er entdeckt, und eine Gruppe von Schülern sammelte sich um ihn. Er hat sich immer dagegen gewehrt, auf diese Weise an einen Ashram oder eine Kommune gebunden zu sein. Er zog es vor alleine zu bleiben, in Stille.

Glücklicherweise hatte er vor einigen Jahren eine Vision, in der viele bedeutende Lehrer im Inneren eines Berges ähnlich dem Arunachala, an dem sich Ramanas Ashram befindet, zusammentrafen und miteinander verschmolzen. Er zog daraus den Schluss, dass es an der Zeit sei, sich niederzulassen und eine kleine Gruppe aufrichtiger Schüler anzunehmen, an die er sein Wissen weitergeben konnte.

Für viele war es ein Glück, dass Robert Sedona als sein Zuhause gewählt hatte. Einen wahren Meister so nahe zu erfahren ist allerdings ein großes Glück für alle, die wahrhaftig die größtmögliche Glückseligkeit und die grundlegende Quelle aller Dinge suchen.

Satsang mit Robert Adams ist eine ganz besondere Gelegenheit, in Stille zu sitzen, den Namen Gottes zu singen und die Gnade und Präsenz eines großen Weisen erleben zu können.

Wie Robert oft gesagt hat, sind die drei schnellsten Wege zur Erlangung der Erleuchtung: Am Satsang teilzunehmen, in der Nähe eines großen Weisen zu sein und Selbst-Befragung zu praktizieren.

Wenn du ein ernsthafter Sucher bist und eine starke Herzensverbindung mit Robert hast, wird dein Leben nie mehr dasselbe sein. Türen werden sich öffnen. Wunder werden geschehen.

ICH HEISSE EUCH VON GANZEM HERZEN WILLKOMMEN

Om shanti, shanti, shanti, Om. Friede!
Es ist gut, mit euch zu sein. Ich heiße euch von Herzen willkommen.

Wenn ihr kommt, um einen Vortrag zu hören, seid ihr hier fehl am Platz. Ich halte keine Vorträge. Wenn ihr kommt, um eine Predigt zu hören, die Kirche ist weiter unten am Berg. Ich predige nicht. Wenn ihr kommt, um philosophische Reden zu hören, seid ihr ebenfalls am falschen Ort. Ich philosophiere nicht. Wenn ihr kommt, um nichts zu hören, dann seid ihr aus dem richtigen Grund hier. Denn es gibt nur EIN nichts, und du bist DAS. Die wunderbarsten Reden werden in STILLE gehalten, STILLE ist beredt. Worte sind nur Worte. Sie fliegen weg und meistens bedeuten sie überhaupt nichts. Wenn wir in der Stille sitzen, das ist die wahre Lehre. Sei still und wisse: ICH BIN GOTT.

Wenn du nicht auf deine Konditionierungen reagierst, verweilst du immer in der Stille. Du kannst überall sein, selbst auf dem Marktplatz. Wenn du nicht reagierst, bist du immer in der Stille. Du kannst allein in einer Höhle sein, aber wenn du nicht gelernt hast, deinen Verstand zu kontrollieren, wird dieser Verstand dich verrückt machen und alle möglichen Gedanken produzieren. Daher spielt es keine Rolle, wo du bist. Wie du reagierst, wo immer du bist, das zählt.

Ich liebe jeden von euch bedingungslos, so wie er ist. Stellt euch selbst die Frage: „Warum komme ich zum Satsang?" Fragt euch: „Komme ich, um Robert vor sich hin murmeln zu hören? Komme ich, weil Robert einen Vortrag hält? Oder komme ich, um mit Robert zu sitzen?" Natürlich ist die letzte Antwort die richtige. Ihr seid gekommen, um mit mir in der Stille zu sitzen. In der Stille liegt alle Kraft. In der Stille kommen alle Antworten. Wenn wir sprechen und Worte benutzen, haben Worte ihre Berechtigung. Aber was können sie wirklich tun? Denkt an die Billionen von Worten, die seit Anbeginn der Zeit gesprochen wurden. Wohin haben sie uns gebracht, die Menschheit, die Welt? Denkt daran, wie viele Worte ihr gesprochen habt, seit ihr aus dem Bett gestiegen seid. Was haben diese Worte für euch bewirkt? Sie sind wertlos.

In der Stille zu sein ist Magie. Hier beginnen Dinge zu geschehen, wundervolle Dinge. Friede kommt, Glückseligkeit kommt, Freude kommt von ganz allein. Wenn du in der Stille sitzt, erinnerst du dich daran, wer du bist. Wir sehen, dass wir alle Ein Selbst sind. Was bedeutet das? Es bedeutet, dass wir nicht getrennt sind, wir sind Ein Selbst. Denkt darüber nach. Wir alle sind das Eine Selbst.

IN DER WAHRHEIT VERWEILEN

Du bist keine gewöhnliche Person, ansonsten wärst du nicht hier.
Es ist etwas Besonderes mit dir.
Du bist bereit, aus der Show auszusteigen,
aus der Show des Materialismus und der Relativität.
Du bist bereit, aus der Schale auszubrechen,
aus der Schale des Materialismus, der Schale der Relativität.
Du bist bereit, aus dieser Schale auszubrechen.

Lasse es geschehen.
Der Verstand wird alle möglichen Situationen erschaffen,
um das zu verhindern.
Er wird dir allen möglichen Unsinn zeigen.
Aber du weißt jetzt, dass du die Kraft hast,
diese Dinge zu ändern,
dich vom Unsinn zur Realität hinzuwenden!
Du kannst es.
Arbeite damit.

Friede.

SATSANG

Es gibt überhaupt keinen Grund, zum Satsang zu kommen, es sei denn, du hast ein offenes Herz! Wenn du mit offenem Herzen zum Satsang kommst, wird dir die Wirklichkeit gehören. Nicht meine oder deine Wirklichkeit, sondern die Wirklichkeit, die das Königreich des Himmels genannt wird, das Königreich Gottes. Du bist bereits Das, doch du hast so viele Konzepte, mit denen du Es verdeckst. Du hast so viele Gefühle, Dogmen, Einstellungen, mit denen du die Göttlichkeit verdeckst. Also musst du dein Herz öffnen und deine Realität durchscheinen lassen. Wie machst du das? Indem du still bleibst, nicht urteilst, die Welt in Ruhe lässt. Es wird in dieser Welt, in dir selbst, in deiner Familie, in anderen Leuten immer etwas zu verändern geben. Du weißt aus Erfahrung, dass das nicht funktioniert. Die Korrektur kann immer nur in dir selbst stattfinden. Es ist dein selbst, mit einem kleinen „s", welches das Problem sieht. Wenn du aber versuchst, das Problem außerhalb von dir zu lösen, wird es nie gelöst werden. Die Lösung in dir selbst zu finden, die Wahrheit zu erkennen, zu verstehen, wer du bist, nur das gibt dir Frieden und Verwirklichung.

Erinnere dich immer daran, dass dies hier Satsang ist und kein Vortrag, keine Predigt oder Rede. Es ist nicht Robert, der zu einer Gruppe von Anhängern oder Studenten oder wie auch immer ihr euch nennen mögt, spricht. Bewusstsein spricht zu Bewusstsein. Und da es nur ein Bewusstsein gibt, sprecht ihr, was ich spreche, fühlt ihr, was ich fühle. Es gibt nur das Einssein, Absolute Realität, und du bist DAS.

Versuche dich daran zu erinnern. Bewusstsein ist. Was du denkst, was du bist, männlich oder weiblich, was dein Name sein mag, vergiss das für eine Weile. Denke an dich selbst als Allgegenwärtigkeit, Allumfassendheit.

Stelle das nicht in Frage. Analysiere es nicht. Erlaube, dass die Präsenz, die Kraft dich übernimmt. Sie beginnt in deinem Herzen und breitet sich durch den ganzen Körper aus, umhüllt ihn. Der Körper verschmilzt damit und sie breitet sich immer weiter aus, bis alle hier im Raum DAS geworden sind. Wir sind nicht mehr menschlich. Wir sind DAS geworden. Sie dehnt sich weiter und weiter aus, bis sie die gesamte Welt umfasst. Sie dehnt sich noch weiter aus, bis auch alle Galaxien, Planeten, Sterne und Sonnensysteme DAS geworden sind und noch weiter, bis das gesamte Universum DAS ist. Dann gibt es nichts mehr, was getrennt davon ist. Alles ist DAS.

Wir mögen es Bewusstsein, Selbst, Absolute Realität nennen. Das ist ES. Das ist deine wahre Natur.

Was fühlst du? Versuche alle deine Emotionen loszulassen, deine vorgefassten Meinungen, deine dogmatischen Glaubenssysteme über deinen Körper oder über andere. Erlaube deinem Verstand, leer zu bleiben.

Fühle „Ich bin DAS", Reines Bewusstsein. Ich bin immer DAS gewesen. Es gab nie eine Zeit, in der ich nicht DAS war. Die Erscheinung des Körpers kann mir nicht länger etwas vormachen. Die Welt und all ihre Manifestationen können mich nicht länger zum Narren halten. Das Universum mit seinen Planeten und Galaxien und Sonnensystemen kann mich nicht länger zum Narren halten. Ich kann durch die Dinge hindurch zur Quelle sehen. Ich kann die Quelle fühlen, weil ich die Quelle bin. Ich bin immer die Quelle gewesen. Es gab nie eine Zeit, in der ich nicht die Quelle war.

Was Gedanken betrifft, sie existieren nicht. Sie können mich nicht länger stören oder mein Leben unglücklich machen. Was andere betrifft, es gibt keine anderen. Es gibt nur die Quelle. Ich kann nicht länger getäuscht werden.

Nichts, was je in meinem Leben geschehen ist, kann mich verletzen. Ich vergebe allem und jedem – und besonders mir selbst.

Ich bin die Kraft und die Präsenz und die Herrlichkeit. Wenn ich DAS bin, so ist es auch jeder andere. So ist es auch alles andere. Alles ist gut.

ERWACHEN

Tageslicht bricht an,
der Verstand ist besänftigt,
still, in Frieden,
ohne Bewegung.

Kein Kiesel fällt in seinen Teich,
kein sich ausdehnendes Kräuseln.
Ein sanft spiegelnder See,
unberührt von Gedanken.
Gelassenheit steht beobachtend am Ufer.

Die Sonne erscheint.
Strahlen puren Lichts
verschlingen die Landschaft des Verstandes,
und in dieser verschwundenen Landschaft
singen Vögel für die ganze Menschheit.

„Erwachen" wurde von Robert eigenhändig
im November 1994 geschrieben

SPIRITUELLES ERWACHEN

Vergiss nie den Grund, warum du hier bist. Die Wahrheit ist:
In der Absoluten Realität gibt es keine Absicht. Das Universum beabsichtigt nichts mit seiner Existenz. In der Absoluten
Realität gibt es keine Absicht für deine Existenz. Aber solange
du glaubst, dass du der Körper oder der Verstand bist, solange
muss es deine Absicht sein, absichtslos zu werden. Benutze
deine Energie dafür, Nichts zu werden. Aber glaube nicht,
Nichts zu sein, solange du es nicht wirklich bist.

Sei ehrlich mit dir selbst. Wo du wirklich stehst, erkennst du daran, wie du auf alltägliche Lebenssituationen reagierst. Die Art, wie du auf missliche Lebenslagen reagierst, wird dir zeigen, woran du bist. Das Leben wird dir einige davon präsentieren, und es ist an dir, die Dinge in der richtigen Perspektive zu sehen: Dich nie zu fürchten, nie zu glauben, etwas sei falsch, immer zu wissen, dass du nicht allein bist, auch wenn du glaubst, du seist der Körper.

Reines Gewahrsein ist immer mit dir. Es wartet auf dein Erkennen, dein Verstehen, dass du nicht der Körper bist, dass du Geist bist, genannt Atman, Brahman, Absolute Realität. Das bist du wirklich. Das ist deine wahre Natur.

Ihr habt mich schon oft über Liebe, Mitgefühl und Demut sprechen hören. Es ist sehr wichtig, diese drei Eigenschaften zu verstehen. Sie müssen gehegt und entwickelt werden. Wenn ihr versteht, was Liebe, Mitgefühl und Demut wirklich sind, dann werdet ihr zur lebendigen Verkörperung der Wahrheit und das Selbst wird euer Ego ins Zentrum des Herzens holen und ihr seid frei.

Wenn ich über all diese Dinge spreche, beziehe ich mich auf meine eigenen Erfahrungen. Deshalb nehmt das, was ich euch sage, nicht einfach so hin, zumal ich euch immer wieder rate, nicht ein Wort von dem zu glauben, was ich sage. Es hört sich an wie ein Widerspruch, ist es aber nicht. Ihr sollt nichts glauben, was ich euch erzähle, doch zugleich sollt ihr über alles reflektieren und darüber nachdenken. Versucht zur lebendigen Verkörperung der höchsten Wahrheit zu werden.

Als mir das spirituelle Erwachen passierte, war ich vierzehn Jahre alt. Dieser Körper saß in einem Klassenzimmer über einer Mathematik-Arbeit. Plötzlich fühlte ich, wie ich mich ausdehnte. Ich verließ nie meinen Körper, was beweist, dass der Körper nie existiert hatte. Ich fühlte, wie der Körper sich ausdehnte, und ein leuchtendes Licht schien aus meinem Herzen. Ich sah dieses Licht in allen Richtungen. Ich sah dieses Licht aus einer peripheren Perspektive, und das Licht war in Wirklichkeit ich Selbst. Da waren nicht mein Körper und das Licht, es gab nicht zwei. Da war dieses Licht, das heller und heller wurde wie das Licht von tausend Sonnen. Ich dachte, ich würde knusprig gebraten, aber leider nein!

Also, dieses brillante Licht, dessen Zentrum und auch dessen Begrenzung ich war, dehnte sich über das ganze Universum aus, und ich war fähig, die Planeten, die Sterne, die Galaxien als mich selbst zu fühlen. Dieses Licht schien so hell und es war so schön, es war Glückseligkeit, unaussprechlich, unbeschreiblich.

Nach einer Weile ließ das Licht nach, aber es entstand keine Dunkelheit. Da war ein Platz zwischen Licht und Dunkelheit, ein Platz jenseits des Lichts. Man könnte ihn leer nennen, aber es war nicht nur Leere. Es war dieses Reine Bewusstsein, von dem ich immer spreche. Ich war mir bewusst: ICH BIN DAS ICH BIN und war mir gleichzeitig des ganzen Universums bewusst. Da gab es keine Zeit, keinen Raum, da war einfach nur das ICH BIN.

Dann wurde alles sozusagen wieder normal. Ich war fähig zu fühlen und zu verstehen, dass alle Planeten, Galaxien, alle Menschen, Bäume, Blumen auf dieser Erde, einfach alles, Myriaden von Energie waren – und ich war in allem. Ich war die Blume. Ich war der Himmel. Ich war die Menschen. Das Ich war alles. Alles war das Ich. Das Wort „Ich" umfasste das ganze Universum.

LIEBE, MITGEFÜHL UND DEMUT

Jetzt kommt der Punkt, auf den ich hinweisen möchte: Ich fühlte Liebe, Mitgefühl, Demut, alles zur gleichen Zeit. Es war wirklich unbeschreiblich. Es war nicht die Liebe, die ihr kennt. Denkt an jemanden, den ihr von ganzem Herzen liebt. Diese Liebe millionen-, trillionenfach multipliziert, das wird euch eine Idee geben, wovon ich spreche. Diese besondere Liebe ist wie nichts, was je auf der Erde existiert hat. Es gibt nichts, womit man sie vergleichen könnte. Sie ist jenseits von Dualität, von Konzepten, jenseits von Worten und Gedanken. Und da war das „Ich", das ich war, das alles einschloss, da gab es keinen Platz mehr für irgendetwas anderes, denn es gab keinen Raum und keine Zeit. Da war nur das ICH BIN, immer anwesend, in sich selbst existierend. Diese Liebe für alles war die Liebe für das Selbst. Darum wird in den Schriften gesagt, du sollst deinen Bruder lieben und deine Schwester, du sollst alles und jeden lieben, unter allen Umständen.

Diese Liebe konnte nicht unterscheiden. Ich konnte nicht sagen: „Du bist gut, dich liebe ich. Du bist schlecht, dich liebe ich nicht." Alles war ich selbst. Ich erkannte: Ich bin der Mörder, ich bin der Heilige, ich bin das so genannte Böse und das so genannte Gute auf dieser Erde. Alles war das Selbst. Und es war alles ein Spiel. Alle Energiepartikel verwandelten sich von einem Ding zum anderen. Aber die Liebe änderte sich nie.

Ein anderes Wort für diese Liebe war Mitgefühl. Ich hatte dieses fabelhafte, phantastische Mitgefühl. Für alles! Denn alles war das Selbst, das ICH BIN. Es gab keine Unterscheidung. Es gab kein „Ich", was ihr als „Ich" bezeichnet. Es gab nur einen Ausdruck und der war Bewusstsein.

Natürlich verstand ich all diese Dinge zu dieser Zeit noch nicht. Ich hatte nicht diese Worte zur Verfügung, die ich jetzt benutze. Ich tue mein Bestes, um intelligent zu sprechen und Worte zu benutzen, um zu erklären, was geschehen ist, aber es geht nicht. Alle Spiele, die Menschen auf allen Planeten, überall im Universum spielen, all das ist in Wirklichkeit das Selbst. Es war alles das Selbst, und ich erkannte, dass nichts existierte außer dem Selbst. All diese Dinge, diese unzähligen Planeten, Galaxien, Menschen, Tiere, alle sind das Selbst. Noch einmal: Es gibt keine Worte, um das zu beschreiben. Ich fühlte und wusste, dass diese Vielfältigkeit nicht existiert. Dinge existieren nicht. Nur das Selbst existiert, nur Bewusstsein, Reines Gewahrsein.

Und doch entstand zugleich die Schöpfung – dabei gibt es keine Schöpfung. Das können wir in unserer menschlichen Form nicht verstehen. Solange wir mit unserem Gehirn denken, bleibt es unbegreiflich. Denn wie könnten sie sich gleichzeitig gegenseitig erschaffen? Da fand Schöpfung statt, doch gleichzeitig gab es überhaupt keine Schöpfung! Hört sich an wie die Gedanken eines Verrückten. Und doch schien es normal. Es ist absolut nichts seltsam daran, nichts und alles zur gleichen Zeit zu sein. Da war also dieses große Mitgefühl und weil ich alles war, galt dieses Mitgefühl auch allem. Nichts war ausgeschlossen, weil alles das Selbst war. Und dann war da diese phantastische Demut. Liebe, Mitgefühl und Demut haben alle die gleiche Bedeutung. Ich versuche es zu vereinfachen, um euch ein Stück weit verständlich zu machen, was vor sich ging. Da war die Demut, nichts zu verändern. Alles war in Ordnung genau so, wie es war. Planeten explodierten, neue Planeten wurden geboren. Sonnen verdampften, neue Sonnen wurden geboren. Von den Sonnen kamen die Planeten und es begann Leben auf den Planeten. All das fand gleichzeitig statt, alles zur selben Zeit. Und doch passierte absolut nichts.

Daher kam die Demut, dass alles richtig war. Es gab nichts, was ich ändern musste. Nichts, was ich korrigieren musste. Die an Krebs sterbenden Menschen waren am richtigen Platz – und niemand stirbt, und es gibt keinen Krebs. Kriege, die Unmenschlichkeit der Menschen untereinander, alles war Teil davon! Es kann keine Schöpfung geben, wenn es nicht das Gegenteil von gut gibt. Um eine Schöpfung zu haben, muss es Gegensätze geben. Es muss den guten und den schlechten Kerl geben. Ich war in der Lage, all diese Dinge zu verstehen.

Das nächste, woran ich mich erinnere, ist, dass mein Lehrer mich rüttelte. Ich war der Letzte in der Klasse, alle anderen waren schon gegangen, die Glocke läutete, und ich hatte nicht einmal mit der Mathematik-Arbeit begonnen. Natürlich bekam ich eine dicke fette Null. Aber diese Gefühle und dieses

Verstehen verließen mich nie mehr. Von diesem Zeitpunkt an veränderte sich mein ganzes Leben. Ich war nicht länger an der Schule interessiert. Ich war nicht länger an meinen Freunden interessiert. Aber darauf werde ich jetzt fürs Erste nicht weiter eingehen.

Was ich damit sagen will, ist: Wenn das Endresultat der Verwirklichung Liebe, Mitgefühl und Demut ist, was wäre, wenn wir diese Qualitäten jetzt schon entwickeln könnten? Seht ihr, worauf ich hinaus will? Was wäre, wenn wir diese Liebe entwi-ckeln könnten, diese freudvolle Liebe für alles, ohne Ausnahme, ohne Urteile, und wenn wir dieses große Mitgefühl für alles entwickeln könnten? Ihr könnt nicht Mitgefühl für eine Sache haben, ohne es auch für andere zu haben. Dann ist da noch Demut. Demut bedeutet, wir müssen nichts in Ordnung bringen, nicht mit anderen abrechnen oder für unser Recht eintreten. Denn es ist tatsächlich niemand übrig, das zu tun. Würden einige von uns an diesen Aspekten arbeiten, würde uns das erheben und frei machen.

Damit habt ihr etwas zum Nachdenken. Wir müssen lernen, die Welt sich selbst zu überlassen. Wir sind so verwickelt in Politik, Familie, Arbeit und alles mögliche andere, dass wir vergessen, wie wenige Jahre wir nur noch auf dieser Erde, in diesem Körper haben. Und was tun wir mit all der Zeit? Wir verbringen sie mit Dingen, die nicht existieren, die keinen Sinn machen.

Stellt euch vor, ihr spielt in einem Theaterstück und ihr spielt eine Rolle und seid euch die ganze Zeit bewusst, dass ihr eine Rolle spielt. Ihr seid nicht wirklich diese Person. Es ist nur eine Rolle, die ihr spielt. Genauso spielt ihr jetzt eine Rolle, nur habt ihr vergessen, dass ihr eine Rolle spielt. Ihr denkt, euer Körper, so wie er aussieht, wie er erscheint, was er macht, sei real, und ihr steckt all eure Energie in das Spiel, diese Rolle zu spielen. Das ist tatsächlich vergeudete Energie. Wenn ihr nur eure Energie daran setzen würdet, das Selbst zu finden, das ihr in Wirklichkeit nie verloren habt. Und ihr könnt das tun, indem ihr Liebe, Mitgefühl und Demut entwickelt.

Dies ist eine andere Methode, an der ihr arbeiten solltet. Während ihr Selbst-Befragung übt, übt euch auch in Liebe, in Mitgefühl, in Demut. Praktiziert nicht nur für eine Weile Selbst-Befragung und reagiert dann wieder negativ auf die Welt und fühlt euch verletzt. Seid euer Selbst. Wacht aus dem Traum auf. Lehnt es ab, weiter zu spielen. Beobachtet euch den ganzen Tag über. Seht die Dinge, die ihr tut, die Gedanken und Gefühle, die ihr habt. Es spielt keine Rolle, in welcher Situation ihr euch befindet und was in eurem Leben vor sich geht. Das einzig Wichtige ist, was in eurem Innern vor sich geht.

Karmisch gesehen seid ihr auf dieser Erde als Körper, um durch karmische Erfahrungen zu gehen. Daher sind die Erfahrungen, die ihr macht, Teil des Maya, des Karma. Denkt nicht über diese Dinge nach. Das ist wichtig. Lasst sie allein. Wenn ihr nur wüsstet, dass euch nie etwas passieren kann! Ihr seid nie geboren worden und ihr werdet nie sterben. Ihr habt immer gelebt. Ihr seid Bewusstsein. Ihr habt schon immer existiert. Identifiziert euch mit eurer Existenz. Verschmelzt mit der Existenz des Nichts.

Ich sage euch das immer und immer wieder. Kümmert euch nicht um die Welt. Erinnert euch daran, was ich meine, wenn ich sage: Kümmert euch nicht um die Welt. Ich sage nicht, dass ihr vorsätzlich und ganz bewusst planen sollt, wie ihr euch nicht um die Welt kümmern werdet. Das wird euch nicht gelingen. Mit „sich nicht um die Welt kümmern" meine ich: Befasst euch in eurem Verstand mit höheren Gedanken. Seid euch immer bewusst: „Ich bin nicht der Körper. Ich bin nicht der Handelnde. Ich bin nicht der Verstand." Fühlt das. Fühlt es tief. Fühlt euch nicht gut oder schlecht damit. Versucht nicht, euer Leben zu verlängern. Es ist vergeudete Energie. Was ihr euer Leben nennt, wird sich um sich selbst kümmern. Es weiß besser, was zu tun ist. Wir sind sehr begrenzt in unserem Verständnis über unseren Körper oder das, was im Körper vor sich geht. Versucht nicht, irgendetwas mit eurem Körper zu machen. Euer Körper wird tun, was immer er zu tun hat. Er weiß, was er zu tun hat. Trennt euch davon. Natürlich könnt ihr euch fragen: „Wem gehört dieser Körper? Wer hat diesen Körper?", und in der Stille bleiben.

Viele von uns, die heute Abend hier sind, machen gewaltige Fortschritte. Ich habe mit vielen gesprochen, die wirklich dort ankommen. Natürlich gebrauche ich diese Begriffe sehr locker, es ist nirgendwo anzukommen. Aber ich muss so sprechen, um euch zu erinnern, euch selbst in Ruhe zu lassen. Ich weiß, einige von euch empfinden manchmal Schmerz und sagen: „Ich möchte ein Leben ohne Schmerz leben, darum muss ich etwas mit mir tun, um den Schmerz nicht zu fühlen." Das ist wirklich ein Fehler. Wenn ihr nur erkennen könntet, wer diese Schmerzen hat. Zu wem kommt der Schmerz? „Ich" habe Schmerzen. Dann, wer bin „Ich?" Wenn „Ich" diese Schmerzen habe, bedeutet das, dass die Person, die diese Dinge denkt, nicht die Schmerzen hat. Denn es ist „Ich", welches die Schmerzen hat. Ihr seid frei von Schmerzen, weil ihr nicht der „Ich"-Gedanke seid. Erinnert euch, jenes „Ich", von dem wir hier sprechen, ist der Gedanke, der „Ich"-Gedanke, der die Schmerzen hat und die Erfahrung macht, geboren zu werden, zu sterben, Probleme zu haben. Es ist der „Ich"-Gedanke, der diese Dinge hat. Nicht du.

Ihr müsst mit Nachdruck die Entscheidung treffen, dass das Wichtigste für euch ist, frei zu sein. Lasst also all die anderen Dinge los, die euch binden. Darum sollt ihr mit Liebe, Mitgefühl und Demut arbeiten. Denn wenn diese Eigenschaften das Endresultat des Erwachens sind und ihr euch darum zuerst kümmert, wird das Erwachen schneller geschehen.

Sogar während ich zu euch spreche, denken einige von euch über den Körper, über den Verstand, über die Arbeit nach. Das ist es, was euch zurückhält. Zerstört die Gedanken durch Selbst-Befragung. Werdet frei. Kämpft nicht, habt keine Angst. Beobachtet, seht, schaut, aber habt keine Meinung dafür oder dagegen. Einige denken, wenn sie so handelten, dann würden sie nicht in der Welt funktionieren können. Doch ihr werdet funktionieren. Erinnert euch immer daran: Hier ist die Erscheinung des Körpers, er kam hierher, um bestimmte Dinge zu tun, und er wird diese Dinge tun. Es hat absolut nichts mit euch zu tun. Es ist interessant, in Wirklichkeit spreche ich zu mir selber, weil es nur das Selbst gibt. Also warum spreche ich zu mir selbst? Ich muss verrückt sein. Ganz oft wenn ich zu euch spreche, muss ich mich zurückhalten, um nicht zu lachen (Gelächter). All diese Dinge zu erklären, über all dies zu reden, wo ihr doch schon längst frei seid und das alles schon wisst. Manchmal werden wir in die Illusion hineingezogen. Denn es gibt wirklich Nichts. Wenn wir von Gott sprechen, reden wir von Nichts. Gott ist Nichts. Und dieses Nichts bist du. Wenn wir studieren, wenn wir lesen, verwickeln wir uns tiefer in Maya. Warum könnt ihr nicht ihr selbst sein und aufwachen? Warum müsst ihr euch so plagen und ich muss hier sitzen und so reden? Denkt nur, was ich alles tun könnte, wenn ich nicht hier sitzen und zu euch sprechen müsste? (Gelächter) Ich könnte z.B. „Tales from the Crypt" anschauen! Alles ist gut.

Robert, ich meine das nicht respektlos, ganz im Gegenteil, aber du sagst uns, wir sollen versuchen, diese Eigenschaften Liebe, Mitgefühl und Demut zu entwickeln, und du sagst, sie seien jenseits unseres Begriffsvermögens. Wie können wir etwas entwickeln, das wir nicht begreifen?

Einfach. Sei du Selbst. Wenn du du Selbst bist, kommen die Gedanken langsamer zu dir, bis sie ganz aufhören. Wenn die Gedanken in deinem Verstand langsamer und langsamer werden und beginnen, ganz zu verschwinden, wirst du automatisch liebevoller, mitfühlender, und du entwickelst Demut. Mit anderen Worten: Je schneller du deine Gedanken los wirst, um so schneller werden sich diese anderen Dinge, diese anderen Eigenschaften einstellen. Es geht also darum, die Gedanken zu stoppen. Es sind die Gedanken, die alles in der Welt als gut oder

schlecht, richtig oder falsch sehen. Wenn die Gedanken nachlassen, kommen Liebe, Mitgefühl, Demut von allein. Also noch
einmal: Wir müssen aufhören zu denken.

BEWUSSTSEIN

Bewusstsein ist keine Sache.
Du kannst es nicht beschreiben.
Es ist nicht das Gegenteil der Welt.
Und es ist kein Objekt,
und es gibt niemanden, der es sehen könnte.
Bewusstsein ist ein anderes Wort für Sein.
Was sein?
Nichts sein.

ALLES IST BEWUSSTSEIN

Alles ist Bewusstsein, alles. Wenn ihr fragt, was Bewusstsein ist, gibt es keine gültige Antwort. Wenn jemand mich bitten würde, ein Buch zu schreiben oder einen Vortrag zu halten, dann müsste ich Bewusstsein mit fünfzig verschiedenen Worten erklären, und jedes dieser Worte bräuchte weitere fünfzig Worte zur Erklärung und diese wiederum fünfzig andere Worte. Wir bräuchten ein Buch von mindestens hundert Seiten. Und was würde es sagen? „Alles ist Bewusstsein". Ich könnte aber auch nur eine einzige Seite schreiben, und auf die Mitte der Seite würde ich schreiben: „Alles ist Bewusstsein." Der Rest bliebe leer. Das ist der Grund, weshalb ich keine Bücher schreibe. Es gibt nichts zu sagen. Schaut, wie verwirrend das ist. Ihr lest so viele Bücher in der Woche. Normalerweise erinnert ihr euch kaum an das, was ihr gelesen habt, und wenn doch, dann rein intellektuell. Ihr benutzt die Worte eines anderen, habt aber keine eigene Erfahrung.

Ich weiß nicht, was Bewusstsein ist, aber ich bin DAS. Wenn ich nur intellektuell wüsste, was Bewusstsein ist, wäre es nicht DAS, weil ich nur ein Wort aussprechen würde. Und das Wort wäre durch das Aussprechen begrenzt. Also, Bewusstsein ist ein Nicht-Ding. Es ist nichts, was ihr festmachen könnt. Nichts, was ihr beschreiben könnt. Es ist nichts, worüber ihr ein Buch schreiben könnt. Bewusstsein ist Stille. Manchmal sage ich, Bewusstsein ist Absolute Realität, das sind noch mehr Worte, und dann muss ich Absolute Realität erklären. Bewusstsein ist die höchste Vereinigung, Reine Intelligenz. Bewusstsein ist all dies. Aber was ist das nun? Noch einmal, es sind nur Worte. Manchmal sage ich, Bewusstsein ist Liebe, Glückseligkeit, Sat-Chit-Ananda, Wissen, Sein, Existenz. Das sind nur Worte. Zwar habt ihr ein gutes Gefühl bei den Worten, aber das Gefühl hält nicht allzu lange an, denn ihr habt die Worte nicht verdaut. Ihr seid keine lebendige Verkörperung von Bewusstsein geworden.

Du bist ein Segen für die Menschheit, ein Segen für dich selbst, ein Segen für Gott. Du bist eine wunderbare Person, so wie du bist. Einfach so wie du bist! Urteile nicht nach Erscheinungen. Urteile nicht einmal über dich selbst. Du bist eine wunderbare Person GENAU SO WIE DU BIST. Wenn ich sage genau so wie du bist, beziehe ich mich auf dein wahres Selbst, Bewusstsein. Du bist schön, so wie du bist. Nicht was du zu sein denkst. Nicht wie du zu sein scheinst. Nicht was die Welt dir zeigt, aber genau so, wie du jetzt gerade bist.

Seid aufrecht. Habt keine Angst mehr. Es gibt nichts, was euch verletzen kann. Es gibt nichts in der Welt, was euch irgendetwas antun kann. IHR SEID FREI! Ihr seid die Grundessenz der gesamten Existenz. Alles ist ein Abbild im Bewusstsein. Das ganze Universum, alle Planeten, alle Galaxien, alle sind Bilder im BEWUSSTSEIN. Und IHR SEID BEWUSSTSEIN. Erkennt euch selbst und seid frei!

Es gibt nur einen Weg, um Frieden in die Welt zu bringen. Es gibt nur einen Weg, um Frieden zu euch selbst zu bringen. Es gibt nur einen Weg, um Probleme zu überwinden. Es gibt nur einen Weg, um euch selbst zu finden. Und dieser Weg ist, zu realisieren, dass alles Bewusstsein ist.

Was meine ich damit? Nehmt alles in diesem Raum, das Glas, die Stühle, die Couch, den Teppich, das Licht und euren Körper. Sie sind nicht real. Sie sind Bewusstsein. Ich sage nicht, dass Bewusstsein all diese Dinge produziert hat. Ich sage nicht, dass zuerst Bewusstsein da war und all diese Dinge aus dem Bewusstsein entstanden sind. Ganz im Gegenteil. Ich sage, dass alles, was zu entstehen scheint, was ihr mit euren Ohren hört, mit dem Mund schmeckt, mit den Händen fühlt, Bewusstsein ist.

Bewusstsein ist die Grundessenz der Existenz. Ein anderer Name für dieses Bewusstsein ist Glückseligkeit. Es ist allumfassend. Wenn du beginnst, damit zu verschmelzen, bist du DAS. Es ist deine wahre Natur. Es ruht in sich selbst. Die Welt, das Universum ist nicht daraus entstanden. Ich wiederhole das. Es gibt Lehren, die euch erzählen, die Welt sei eine Abwandlung von Bewusstsein und wir müssten zum Bewusstsein zurückkehren. Es gibt nichts, zu dem wir zurückkehren müssten. Bewusstsein ist reines Gewahrsein. Es ist sich seiner selbst als Absolute Realität bewusst. Die Welt ist wie eine Reflexion im Spiegel. Wo kam die Reflexion her? Von nirgendwo, weil sie nicht wirklich existiert. Du kannst die Reflexion nicht im Spiegel greifen, denn du wirst nur den Spiegel greifen. Wenn du erwachst, verstehst du, dass du der Spiegel bist. Und die Reflexion der Welt im Spiegel ist wie das Wasser in der Fata Morgana, wie die Schlange im Seil, wie das Blau des Himmels. Warum geschieht das? Es geschieht gar nicht. Es scheint nur zu geschehen. Warum scheint es zu geschehen? Die Erscheinung scheint zu geschehen. Warum scheint die Erscheinung zu geschehen? Sie geschieht nicht. Es scheint zu scheinen, dass es geschieht. Und so können wir die ganze Nacht weitermachen. Es ist schwierig für den menschlichen Verstand, zu verstehen, dass ihr nicht das seid, was ihr zu sein scheint. Das ist genau, was wir zu tun haben.

Es ist nicht so, wie es zu sein erscheint. Es ist nicht Dualität. Erinnert euch, was ich euch vermitteln will. Es gibt nicht Bewusstsein und die Welt. Es gibt nur Bewusstsein und du bist DAS. Ein Paradox. Ein Widerspruch. Du bist das Paradox. Du bist der Widerspruch. Du bist nicht, was du zu sein scheinst. Du bist nicht das, was du siehst. Nichts in dieser Welt, in diesem Universum ist so, wie es erscheint.

BEWUSSTSEIN – DIE LEINWAND
DER WIRKLICHKEIT

Was ist also nun Bewusstsein? Wir können sagen, Bewusstsein ist eine Kraft, die sich selbst kennt. Es ist in sich selbst ruhende Absolute Realität. Mit anderen Worten: Es gibt nichts als Bewusstsein. Es gibt nicht Bewusstsein und dich oder Bewusstsein und die Welt. Es gibt nur Bewusstsein. Ihr könntet sagen, Bewusstsein sei die Leinwand der Wirklichkeit und alle Bilder des ganzen Universums Überlagerungen auf dieser Leinwand. Wenn ihr euch einen Film anschaut, ist die Leinwand mit Bildern bedeckt. Ihr vergesst die Leinwand völlig. Ihr denkt nicht mehr an sie. Ihr seht die Bilder und identifiziert euch damit. Ihr genießt den Film. Die Leinwand ist weit von euch entfernt. Dennoch, wenn ihr versuchen würdet, die Bilder zu greifen, was würdet ihr greifen? Die Leinwand, nicht die Bilder. Die Bilder haben nie existiert, ihr werdet nur die Leinwand greifen. Und so ist es auch mit uns. Wir vergessen, dass wir Bilder auf der Leinwand des Lebens sind. In Wirklichkeit sind wir die Leinwand, Bewusstsein. Durch viele Inkarnationen glauben wir, diese Bilder zu sein. Wir glauben, dass wir eine Person sind, dass da andere sind und äußere Dinge, mit denen man in dieser Welt fertig werden muss. Aber ich sage euch, dies alles ist unwahr. Die Bilder sind wie das Wasser in der Fata Morgana. Wie die Schlange im Seil. Wie das Blau des Himmels.

Aber da ist kein Himmel und auch kein Blau. Und wenn ihr herausgefunden habt, dass die Schlange in Wirklichkeit ein Seil war, kann sie euch nie wieder ängstigen. Wenn ihr versucht, das Wasser in der Fata Morgana zu greifen, werdet ihr enttäuscht sein, denn ihr greift Sand. Anders ausgedrückt sind das alles optische Täuschungen. Dieses ganze Universum, meine Freunde, ist eine optische Täuschung. Es ist wie mit dem Träumen. Niemand kann euch je sagen, dass der Traum nur ein Traum ist, solange ihr träumt. Ihr werdet immer um euer Recht kämpfen und sagen, dies ist kein Traum. Schau, da finden Kämpfe statt in Los Angeles, Feuer brennen, Menschen werden getötet. Wie kannst du sagen, dass sei ein Traum? Und doch, ihr erwacht aus eurem Traum und der Traum hat nie existiert. Er kam aus euch und kehrte zu euch zurück. Denkt darüber nach. Der Traum entstand aus euch, er drückte sich durch euch aus. Im Traum gab es keine Grenzen. Ihr wart nicht nur an einem Ort. Ihr habt vom ganzen Universum geträumt, wo alle möglichen Dinge stattfinden. Ihr seid mit dem Flugzeug nach Afrika und nach Belgisch Kongo geflogen. Ihr wart ein kleiner Junge oder ein kleines Mädchen und wurdet erwachsen. All das geschieht in eurem Traum. Und wieder werdet ihr für euren Traum kämpfen. Ihr werdet für euer Recht auf den Traum kämpfen. Ihr werdet sogar im Traum töten. Doch wenn ihr erwacht, ist der Traum verschwunden, er hat nie existiert. Ich kann euch versichern, meine Freunde, dass einmal ein Tag in eurem Leben kommen wird, an dem ihr zur Wahrheit erwachen werdet.

Mit der Welt, in der wir leben, ist es genauso. Es gibt definitiv keinen Unterschied. Ihr lebt den sterblichen Traum. Folglich haben große Weise uns gesagt, wir sollen uns mit dem Bewusstsein identifizieren und nicht mit dem, was vor sich geht. Die einzige Freiheit, die wir haben, ist, auf nichts zu reagieren, sondern uns nach innen zu richten und die Wahrheit zu erkennen.

Aber wie kann das sein? Wir schauen einander an. Wir sehen die Dinge dieser Welt. Wir fühlen Schmerz. Wir fühlen

Kummer. Wir fühlen Glück. Wir fühlen Freude. Und trotzdem sage ich euch, dass diese Dinge nicht existieren. Es gibt nur Bewusstsein.

Ihr könnt es nur wissen, wenn ihr es erfahrt. So sagt ihr, dies mag für dich gut sein, Robert, aber was ist mit mir? Ich fühle die Welt. Ich bin leicht verletzt. Ich bin sensibel. Dinge machen mir etwas aus. Ich sehe die Unmenschlichkeit des Menschen in der Welt und ich weine. Ich nehme all diese gemeinen Dinge wahr, die in der Welt passieren, sie machen mich traurig. Wie kannst du sagen, diese Dinge existieren nicht? Wie kannst du sagen, es gibt nur Bewusstsein, wenn all diese Dinge mir jeden Tag ins Gesicht schauen?

Genau das ist es. Du musst bereit sein, dich von den weltlichen Dingen abzuwenden. Du musst vorbereitet sein, in dich selbst zu springen, tief in dich selbst einzutauchen und die Welt sozusagen eine Weile zu ignorieren.

Das heißt nicht, dass du irgendetwas aufgeben müsstest. Es bedeutet: Während du durch deine alltäglichen Tätigkeiten gehst, deine Arbeit in dieser Welt machst, solltest du dich einfach gelegentlich daran erinnern, dass alles Bewusstsein ist. Nur indem du dir dieser Dinge, über die ich zu dir spreche, bewusst bist, wachst du auf. Du wirst frei. Nur indem du bewusst bist. Indem du dir morgens beim Aufwachen sagst: „Alles mag als wahr erscheinen, aber es ist alles Bewusstsein. Alles ist Bewusstsein. Bewusstsein ist Raum, reines, wahlfreies Gewahrsein."

BEWUSSTSEIN – DIE GRUNDESSENZ DER GANZEN EXISTENZ

Noch einmal: Was ist Bewusstsein? Wir können sagen, dass es die Grundessenz der ganzen Existenz ist. Wenn ihr auf der Skala der Evolution ein Objekt nehmt und es in seine winzigsten Teile zerlegt, werdet ihr Moleküle erhalten. Das gilt für jedes Objekt auf dieser Erde. Ob es nun ein menschliches Wesen ist, ein

Stuhl, ein Baum, eine Katze – alles besteht aus Molekülen. Wenn ihr die Moleküle auflöst, erhaltet ihr Atome. Ihr könnt euch nicht vorstellen, wie klein Atome sind. Sieben Millionen Atome passen auf einen Stecknadelkopf. Es ist unmöglich, sich Atome vorzustellen. Wir wissen, dass sie existieren, weil wir sie durch Elektronen-Mikroskope anschauen können. Wenn ihr jetzt die Atome auflöst, erhaltet ihr sub-atomare Teilchen, die noch kleiner sind als Atome. Wir können diese Dinge nicht einmal diskutieren oder darüber sprechen, weil sie so unfassbar sind. Das ganze Universum ist aus diesen Dingen gemacht. Ihr geht weiter und löst diese sub-atomaren Teilchen auf und erhaltet Energiewellen.

Wissenschaftler sagen, das gesamte Universum besteht aus Millionen von Energiewellen. Wir können sie nicht sehen, aber große Weise sind in der Meditation zu dieser Erkenntnis gekommen. Und hier sind wir beim wichtigsten Teil. Ihr löst die Energiewellen auf und ihr erhaltet nichts, die Leere, von der die Buddhisten reden. No-mind, Nirvikalpa Samadhi, es ist das Gleiche wie die Leere. Wir gehen über die Leere hinaus und finden Bewusstsein.

Wie ist das wissenschaftlich nachweisbar? Wenn ihr ein riesiges Elektronenmikroskop hättet und euren Körper unter dieses Mikroskop legen würdet, dann würdet ihr enorm viel Raum sehen. Ihr würdet Atome sehen, die durch viel Raum getrennt sind. Und wenn ihr ein Ultra-Elektronenmikroskop hättet, was noch nicht erfunden wurde, dann würdet ihr den Körper als reinen Raum sehen. Da gäbe es keine Atome, denn das Ultra-Elektronenmikroskop würde durch die Atome sehen, und man würde nur Raum sehen, reinen Raum. Dieser Raum ist Bewusstsein. Das trifft nicht nur auf euren Körper zu, sondern auch auf den Stuhl, das Gebäude, einen Baum, eine Blume, ein Tier. Alles ist Raum.

Darum sage ich so oft, wir sind alle Nichts. Wir sind kein Ding. Wir sind nichts Begreifbares. Wir sind nichts, was man sich vorstellen kann. Eure Vorstellungskraft reicht bis zu den

Atomen. Ihr kennt Moleküle. Stellt euch Atome vor, reine Energie, aber geht darüber hinaus. Geht über die reine Energie hinaus. Da ist absolut nichts. Dieses Nichts seid ihr. Dieses Nichts ist Bewusstsein.

Es gab da einmal eine Klasse wie diese. Und einer der Schüler sagte: „Meister, ich weiß nicht, wovon du sprichst. Wie kann alles Bewusstsein sein? Wie kann alles aus Nichts kommen? Das macht keinen Sinn."

Und der Meister zeigte auf einen Feigenbaum und sagte zu dem Schüler: „Geh und bringe mir eine Feige." Der Schüler ging, pflückte eine Feige vom Baum und brachte sie dem Meister. Der Meister sagte: „Öffne die Feige." Er tat es. „Was siehst du?" „Samen." „Bringe mir einen dieser Samen." Er gehorchte. Er gab ihm eine Rasierklinge und sagte: „Schneide den Samen auf." Es war harte Arbeit, weil der Samen so klein ist. Er schnitt sich mehrmals in den Finger, überall war Blut. Schließlich gelang es ihm, den Samen zu öffnen. Und der Meister sagte: „Was siehst du jetzt?" „Nichts. In dem Samen ist eine Höhlung, absolutes Nichts." Und der Meister sagte: „Aus diesem Nichts ist das gesamte Universum entstanden."

Und dies gilt für alles auf dieser Erde und auf dieser Welt und in diesem Universum. Alles ist Nichts. Es gibt nichts, das existiert. Erinnert euch daran, dass Dinge nicht aus dem Bewusstsein kommen. Ich sage, dass alles Bewusstsein ist. Dinge existieren nicht.

Menschliche Wesen scheinen so beschaffen zu sein, dass sie Dinge sehen, Dinge hören, Dinge riechen, Dinge berühren und Dinge fühlen. Deshalb denken sie, sie lebten in einer materiellen Welt. In einer relativen Welt. Und doch ist die letzte Wahrheit, dass alles eine optische Täuschung ist. Wie die Schlange im Seil. Wie das Blau des Himmels. Wie das Wasser in der Fata Morgana. Diese Dinge existieren nicht. Ihr, wie ihr erscheint, existiert nicht.

Einfaches Darübernachdenken wird euch befreien. Ihr braucht wirklich nicht mehr zu tun, zumindest einige von euch.

Einfach dies bedenken, darüber nachdenken, versuchen zu erkennen, dass wirklich alles nur Raum ist. Alles ist Bewusstsein. Wenn ihr darüber nachdenkt und darin ausruht, wird etwas in eurem Verstand passieren. Ihr werdet anfangen, euren Verstand zu verlieren (Gelächter). So seht ihr, was Bewusstsein auf der Skala der Evolution ist. Bewusstsein ist die Grundessenz von allem, der gesamten Existenz. Und eure wahre Natur ist Bewusstsein. Das ist, was IHR wirklich SEID. Aber seht ihr, was ihr tun müsst, um dorthin zu gelangen? Ihr müsst über diese Ebenen hinausgehen. Ihr müsst ein Molekül werden, ein Atom, ein Sub-Atom, eine Energiewelle – dann kehrt ihr zu eurem wirklichen Selbst zurück, zur Absoluten Realität, zu Reinem Bewusstsein, der Leinwand des Lebens.

WARUM DUALITÄT TRANSZENDIEREN?

Warum solltet ihr das wollen? Warum nicht sagen, lass mich in Ruhe einen trinken? Wer will schon bis zu Atomen und Sub-Atomen zurückgehen und Bewusstsein werden? Tja, darum ist die höchste spirituelle Lehre eben nicht für jeden. Die meisten Menschen geben sich mit dem Leben zufrieden, so wie es ist. Aber sie werden sterben. Sie werden durch Erfahrungen gehen.

Solange ihr in dieser oder irgendeiner anderen Welt lebt, seid ihr den Gesetzen von Ursache und Wirkung unterworfen wie ein Pendel. Es schwingt zur einen Seite, und alles scheint gut für euch zu laufen, alles ist großartig in der physischen Welt. Dann schwingt das Pendel zur anderen Seite, und die Dinge kehren sich um. Eure Welt fällt auseinander, vielleicht werdet ihr krank, bekommt Krebs, Aids, oder verliert alles an der Börse. Eure Familie kann bei einem Verkehrsunfall ausgelöscht werden, ihr könnt zum Krüppel werden, und wenn ihr nichts mehr habt, woran ihr euch halten könnt, was macht ihr dann? Ihr verflucht das Leben, werdet selbstzerstörerisch. Dann schwingt das Pendel wieder zur anderen Seite, und alles wird wieder besser. Ihr seid wie ein Yo-Yo. Ihr tanzt auf und ab, auf und ab. Das ist die Welt. Das ist das Universum. Wir leben in einer Welt der Dualität. Das ist der Grund, sich zu befreien. Denn wenn ihr durchs Leben geht, so wie ihr jetzt seid, wenn ihr nicht daran gearbeitet habt, über gut und schlecht, hoch und tief, richtig und falsch, vorwärts und rückwärts hinauszugehen, werdet ihr immer und immer wieder auf diesen verschiedenen Planeten im Universum erscheinen, verschiedene Körper annehmen und durch verschiedene Erfahrungen gehen. Es hört nie auf. Ihr mögt euren Körper morgen verlassen und wiederkommen, wenn der Planet sich gerade wieder in einem dunklen Zeitalter befindet und es eine neue Spanische Inquisition gibt. Und ihr werdet Gefangene und man quält euch. Eure Finger werden einer nach dem anderen abgehackt. Ihr seid auf ein Nichts reduziert. Dann kommt ihr in einem anderen Leben wieder und werdet Vize-Präsident der Vereinigten Staaten. So ist es in der Welt. So ist das Leben. Es wird sich nie ändern.

Viele Menschen verfolgen gute Absichten. Sie wollen diese Welt verbessern, und unter verbessern verstehen sie, die Welt sollte nach ihren Vorstellungen funktionieren, danach, was sie als besser erachten oder für richtig halten. All das zeigt, dass ihr euch mit Erscheinungen identifiziert. Denkt nur an all die Energie, die in diese Welt hineingesteckt wird. An all die Projekte, die ihr macht, an die Arbeit, in die ihr verwickelt seid. Die Dinge, an die ihr glaubt. All die Energie, die ihr aufwendet. All die Vereine und die Gesellschaften, denen ihr angehört. Dies alles sind Dinge, die euch zur Erde zurückziehen. Sie ziehen euch zurück in den Körper, einen nach dem anderen.

WENDE DICH NACH INNEN –
ERWACHE ZUR WAHRHEIT

Bewusstsein ist keine Sache. Man kann es nicht beschreiben. Es ist nicht das Gegenteil der Welt, es ist kein Objekt, und es gibt niemanden, der es sehen kann. Bewusstsein ist ein anderes Wort für Sein. Was sein? Kein Ding sein. Jetzt begeben wir uns jenseits der Schöpfung, dorthin, wo es unaussprechlich und unbeschreiblich wird. Deshalb können wir nur beschreiben, was Bewusstsein nicht ist. Bewusstsein ist nicht die Welt. Bewusstsein ist in sich selbst ruhend, Absolute Realität. Es ist du selbst, wenn du dich nicht mit der Welt identifizierst. Der Durchschnittsperson widerfährt das nur kurz vor dem Einschlafen oder gleich nach dem Aufwachen. In diesem Moment bist du Bewusstsein. Aber das Gefühl verlässt dich fast sofort. Du identifizierst dich wieder mit der Welt, vergisst die Wirklichkeit. Die Methode sich zu erinnern ist, sich den Tag hindurch ständig zu erwischen: „Wer glaubt das? Zu wem kommt das? Wer fühlt das?", immer und immer wieder. Du fragst: „Wer bin ich?" Für einige mag es besser sein zu fragen: „Wer ist Ich?", es ist das Gleiche. Wenn du das wirklich machst, wirst du die Quelle des „Ich" finden. Du suchst nach der Quelle des „Ich", des persönlichen „Ich". „Wer bin ich?" Du sprichst immer über das persönliche „Ich". „Wer ist dieses Ich? Wo kam es her? Wer hat es geboren?" Beantworte diese Fragen nie! Stelle diese Fragen, aber beantworte sie nie. Bleibe dabei. Gib nicht auf.

Es ist prima für mich, hier zu sitzen und zu sagen, dass die Welt nicht existiert, dass nichts existiert. Aber wenn ihr aus dieser Türe tretet, wird die Welt euch direkt ins Gesicht schlagen. Einige von euch werden vielleicht traurig sein, weil sie alleine nach Hause gehen müssen. Ihr wünscht, eine Beziehung zu haben. Einige sind traurig, weil sie eine Beziehung haben und wünschten, sie wären allein. Niemand ist glücklich. Jeder denkt, etwas wäre falsch in seinem Leben. Einige von euch sind traurig, weil sie nicht erleuchtet werden.

Denkt darüber nach, was ihr tut. Denkt darüber nach, was ihr fühlt. So fangen wir ein Programm an. Und aus meiner eigenen Erfahrung kann ich sagen, dass Selbst-Befragung der schnellste Weg ist aufzuwachen, zumindest für einige.

Also mache dich leidenschaftlich an die Selbst-Befragung. Wie ich schon sagte: Es ist wahr, dass man allein durch das Hören dieser Worte und das Erkennen, dass alles Bewusstsein ist, aufwachen kann. Aber nur wenn man vorbereitet ist. Mit vorbereitet meine ich, du hast bereits all diese Dinge, über die wir gesprochen haben, transzendiert. All die Gefühle, die Ängste, all die Verletzungen und die Frustrationen. Wenn du diese Dinge schon transzendiert hast, dann ist alles, was du noch zu tun hast, das Wort zu hören – und du wachst auf. Aber für die meisten Menschen funktioniert es so nicht. Daher ist es nötig, eine Form von Sadhana zu praktizieren.

Die Selbst-Befragung ist sehr hilfreich. Du erlaubst einfach den Gedanken, zu dir zu kommen und fragst sanft: „Zu wem kommen diese Gedanken? Wer denkt diese Gedanken? Ich." Du wartest und fragst aufrichtig: „Wer bin ich? Was ist die Quelle des Ich?" Das meine ich, wenn ich davon spreche, dass du in dich hineintauchen sollst. Ich werde oft gefragt, wie man in sich selbst eintauchen soll. So geht es. Du fragst: „Wo kommt das Ich her?" Das Ich steckt tief, tief in dir selbst. „Was ist die Quelle des Ich?"

Dann werden wieder Gedanken kommen. Und du wiederholst den Prozess. „Zu wem kommen diese Gedanken? Sie kommen zu mir. Wer ist dieses Ich? Was ist die Quelle des Ich? Wo kommt das Ich her?" Du wiederholst es immer und immer und immer wieder.

Achte nicht auf die Zeit, vergiss sie. Mach dir um nichts Sorgen. Verbringe Zeit alleine; die meisten Leute können nicht allein sein. Viele sagen mir, sie seien oft allein. Aber wenn man zu ihnen nach Hause kommt, läuft der Fernseher und läuft das Radio. Das ist genauso, als hätte man andere Leute bei sich. Wenn ich sage, du sollst Zeit alleine verbringen, meine ich in Stille.

Nimm dir die Zeit. Setze dich in einen Stuhl und beobachte die Gedanken. Und fange an, zu fragen: „Zu wem kommen diese Gedanken? Sie kommen zu mir. Ich denke diese Gedanken. Wer ist dieses Ich? Was ist die Quelle des Ich? Wo kam es her?"

Es ist egal, wie oft du das schon praktiziert hast. Jedesmal ist es wie das erste Mal. Diesmal könnte das Erwachen für dich geschehen. Darum solltest du nie aufgeben. Sitze einfach still. Versuche nicht, nicht zu denken. Denn wenn du versuchst, nicht zu denken, wirst du die Gedanken nicht mehr los. Du wirst voller Gedanken sein, solange du versuchst, nicht zu denken.

Du tust gar nichts, absolut nichts. Du beobachtest, wie die Gedanken kommen. Du fragst sanft: „Zu wem kommen diese Gedanken? Sie kommen zu mir. Ich denke sie. Wer ist dieses Ich? Wo kam es her? Wie stieg es auf? Von woher stieg es auf? Wer ist dieses Ich? Wer bin ich?" Du bleibst einfach still. Die Gedanken kommen wieder. Du tust das Gleiche auf sanfte und friedliche Weise wieder und immer wieder.

WER BIN ICH?

Fühle deine Realität
in der Stille,
in der Ruhe,
wo kein Verstand ist,
keine Gedanken, keine Worte.
Wer bist du dann?
Du bist einfach.
ICH BIN. ICH BIN.
Ich bin nicht dies.
Ich bin nicht das.
ICH BIN.
Ich bin Das, was immer war.
Ich bin Das, was immer sein wird.
ICH BIN DAS ICH BIN.

„Ich" ist Gott

Wenn du dir ein wahres Bild von dir selber machst, von dem Moment an, wo du morgens aufstehst und zum Beobachter all deiner Handlungen wirst, dann wirst du entdecken, dass du dich um drei Worte herum bewegst: „Ich", „mich" und „mein".

Normalerweise gibt es kaum einen Moment während deiner materiellen Existenz, wo du diese Worte nicht benutzt. Wenn du dir jedesmal, wenn du das Wort „Ich" benutzt, bewusst wärest, was „Ich" tatsächlich bedeutet, wäre das eine andere Geschichte. Unglücklicherweise benutzen wir aber „Ich" nicht auf diese Weise. Wenn wir „Ich" sagen, sprechen wir vom Körper. Wir sagen: „Ich fühle mich wunderbar, ich bin krank, ich bin glücklich, ich bin traurig, ich bin dies, ich bin das." Wir sagen auch: „Das ist meins, das gehört mir, niemand kann es haben. Es gehört mir allein." Mir, mir, mein, mein, Ich, Ich. Es dreht sich immer alles um diese drei Worte, nicht wahr? Und genau das ist es, was uns menschlich sein lässt. Das ist es, was uns von der Verwirklichung abhält. Diese drei Worte. Es wäre schwierig, ohne diese drei Worte zu kommunizieren. Denn anstatt zu sagen „Ich fühle mich gut", müsstest du sagen „fühle gut". Anstatt zu sagen „Ich fühle mich krank", müsstest du sagen „fühle krank". Anstatt zu sagen „Ich fühle mich deprimiert", müsstest du sagen „fühle deprimiert". Anstatt zu sagen „Das ist meins", würdest du sagen „das ist". Anstatt zu sagen „Ich bin ärgerlich", würdest du sagen „ärgerlich".

Das würde sich absurd anhören. Aber gleichzeitig würde es dir zu verstehen geben, dass du nicht dieses „Ich" bist. Du bist nicht das „mein", du bist nicht das „mir".

Du wirst dich sofort erwischen und erkennen, wenn du „Ich" sagst, dann musst du sehr vorsichtig sein, was du anschließend sagst. Denn „Ich" kann nie krank sein. „Ich" kann nie glücklich oder unglücklich, gut oder schlecht, reich oder arm sein. „Ich" ist jenseits all dieser Eigenschaften.

Ich ist Bewusstsein. Ich ist Gott. Ich ist reines Gewahrsein. Wenn du willst, stelle dir vor, du könntest wirklich erkennen, was dieses „Ich" für dich bedeutet, jedesmal wenn du „Ich" sagst. Du redest nicht mehr länger von dem kleinen Ich, dem Körper-Ich, dem Ich, das nicht existiert. Du sprichst von Gott. Wann immer du „Ich" sagst, sprichst du von Gott.

Darum ist es Gotteslästerung, wenn du sagst „Ich bin krank". Wie kann Gott krank sein? Wenn du sagst „Ich bin unglücklich", ist es das Gleiche. Wie kann dieses Etwas, genannt Gott, unglücklich sein? Sogar wenn du sagst „Ich bin glücklich", wie kann Gott, gemessen an menschlichen Maßstäben, glücklich sein?

Wenn du anfängst zu erkennen, was dieses Ich wirklich bedeutet, wirst du automatisch auf eine höhere Bewusstseinsstufe gehoben. Nur durch das ununterbrochene Erkennen dessen, was dieses Ich wirklich bedeutet. Allerdings solltest du das jeden Tag tun. Du solltest dich in jedem Moment selbst erwischen. Denke daran, wie oft du heute den Begriff „Ich" benutzt hast. Und was du anschließend gesagt hast, wie oft du heute die Worte „mir" und „mein" benutzt hast, als wärest du ein Individuum. Als wenn irgendetwas „dir" persönlich gehören würde. Als wenn du wirklich etwas besäßest und du es beschützen müsstest und darauf aufpassen, als wenn es deines wäre.

BIN ICH MEIN BESITZ?

Alles gehört Gott. Alles ist Gott. Ja, es erscheint so, als würdest du es benutzen. Aber glaube nicht eine Sekunde lang, dass es dir gehört.

Darum ist es für Leute, welche die Wahrheit erkennen, so einfach, zu teilen. Aber wenn man an den Körper glaubt, dann muss man horten, an etwas festhalten, um seine Existenz kämpfen und sich für seine Rechte einsetzen.

Ist es ein Wunder, dass du nicht aufwachst? Wie kannst du aufwachen, wenn du für deine Rechte als menschlicher Körper kämpfst? Wenn du versuchst, Dinge zu beschützen, von denen du glaubst, sie gehören dir? Das ist Maya, totales Maya. Der Glaube, dass dir etwas gehört, dass du etwas bist. Das ist alles Illusion. Es gibt nur Gott, es gibt nur Bewusstsein. Alles andere ist eine Erscheinung.

Genieße die Welt, wenn du kannst. Aber erlaube der Welt nicht, dein Meister zu sein. Erlaube ihr nicht, dir zu sagen, wie die Dinge sind. Erlaube den Nachrichten oder den Zeitungen oder der Welt nicht, dich zu verwirren und durcheinander zu bringen. Und dich traurig oder ärgerlich zu machen oder aufzuregen. Schließlich ist es genauso, als schaue man sich einen Film an. Du siehst den Film, und da passieren alle möglichen gemeinen Sachen. Aber dann erwischst du dich selbst und sagst: „Es ist nur ein Film! Es ist nicht wahr." Und genau so ist es mit dem Leben. Du beobachtest alles, was vor sich geht im Leben, du beobachtest, du schaust, du siehst. Aber du reagierst nie. Du bist nie für oder gegen. Du verstehst, und das macht dich frei.

WO KAM DAS „ICH" HER?

Was, denkst du wohl, ist der Unterschied zwischen dieser Lehre, Jnana Marga, und den anderen Yogas, Gebeten, Religionen oder was auch immer? Was ist der grundsätzliche Unterschied? In jeder Lehre außer Advaita Vedanta gibt es ein persönliches Ich. Denke darüber nach. Nehmen wir Hatha Yoga: Das „Ich" lernt Haltungen und das Ego dehnt sich aus, weil du sagen kannst: „Ich kann auf meinem Kopf stehen und meine Füße verdrehen", und du gibst dem einen Sanskritnamen. Aber du sagst immer noch: „Ich kann das tun." So bläht das Ich sich auf. Oder nimm Raja Yoga, den achtfachen Pfad. Gewiss, diese Dinge sind gut. Nichts ist daran falsch. Ich verurteile sie nicht. Aber da muss „jemand" sein, der all diese Yamas und Niyamas und Tugenden lernt. Es gibt „jemanden", der all diese Dinge lernt. Das „Ich" hat gelernt, tugendhaft zu werden. Nimm Kundalini Yoga. „Ich" fokussiere auf die Chakren, auf jedes Chakra. Da ist immer Ich und Ich und Ich. Nimm Gebet. Ich bete zu Gott. Noch einmal: Daran ist nichts falsch. Aber der Grund, weshalb wir diesen Weg den direkten nennen, ist: Dies ist die einzige Lehre, die das Ich erforscht. Wir sind nicht an Effekten und Ergebnissen interessiert. Was immer das Ergebnis sein mag, wir erkennen, dass das Ich dahinter steht. Wir erkennen, wenn wir das Ich finden und es bis zu seiner Quelle zurückverfolgen, dass dann alles andere ausgelöscht wird und wir frei sind. Darum wird dies der direkte Weg genannt.

Ebenso: Was ist der Unterschied zwischen Meditation und Jnana Marga? Denn die meisten von euch erkennen, dass es auf diesem Weg nicht wirklich notwendig ist, zu meditieren. Also, was ist der Hauptunterschied zwischen Meditation und diesem Weg? In der Meditation gibt es immer ein Objekt. Und wieder konzentriert sich das Ich auf etwas anderes, wobei du alles außer dem Mantra oder den Worten der Meditation ausschließt, ob es Gott ist oder was auch immer. In dieser Lehre fragst du einfach nach der Quelle des Ich. „Wer bin ich? Wo kam das Ich her?" Selbst wenn ich euch frage: „Wo kam das Ich her?", beziehen einige das auf den Körper, nicht wahr? Ihr denkt: Wo kam ich her als ein Körper? Aber das ist nicht, was gemeint ist. Du sollst herausfinden, wo das Ich herkam, nicht wo du herkamst. Wenn du herausfindest, wo das Ich herkam, wirst du erkennen, dass du nicht existierst. Du hast nie existiert und du wirst nie existieren. Das ist der Punkt: Wo kam „Ich" her?

Und nachdem du mit dieser Art von Denken vertraut geworden bist, wirst du dich, wann immer du das Wort „Ich" benutzt, nie wieder auf deinen Körper beziehen. Hast du zum Beispiel eine Erkältung, sagst du: „Ich bin erkältet." Nur wirst du dich jetzt dabei erwischen und du wirst lachen und sagen: „Ich ist erkältet." Hört sich an wie schlechtes Deutsch. Ich ist erkältet und es hat nichts mit mir zu tun. Also, wo kam das Ich her, das erkältet ist? Und wenn du dem Ich folgst, wird es dich zur Quelle führen, wo es kein Ich gibt und keine Erkältung. Du kannst diese Methode für alles benutzen. „Ich habe Hunger." Gut, du ertappst dich und erkennst, dass „Ich" hungrig ist. Ich ist nicht mein wahres Selbst. Ich hat Hunger. Doch mein wahres Selbst kann nie hungrig sein. Ich bin müde, ich bin deprimiert, ich bin glücklich, ich fühle mich gut, ich fühle mich wunderbar. Es ist alles dasselbe. Solange du dich auf deinen Körper beziehst, machst du einen großen Fehler. Trenne dich vom Ich.

STILLE IST VERSTEHEN, DASS ES KEINEN VERSTAND GIBT, DER RUHIG ZU STELLEN WÄRE

Es gibt in Wirklichkeit nur ein Ich. Dieses Ich ist Bewusstsein. Wenn du dem persönlichen Ich zur Quelle folgst, wird es zum universellen Ich, zum Bewusstsein. Fange an, dich dabei zu erwischen. Fange an, deine Göttliche Natur zu erkennen, indem du still bleibst. Still zu bleiben ist der schnellste Weg zur Verwirklichung. Jedoch musst du wissen, warum du still sein sollst. Darum kann man das nicht jedem Durchschnittsmenschen klar machen. Wenn jemand keine Ahnung von Advaita Vedanta hat, kann man nicht einfach sagen: Bleibe still. Für sie bedeutet das nur, ruhig zu sein. Sie wissen nicht, dass es bedeutet, tief, tief, tief in sich hinein zu dem Platz zu gehen, wo Absolute Realität lebt. Das ist Stille.

Tatsächlich kann der menschliche Körper nicht still bleiben. Da ist etwas anderes, das in die Stille eintritt. Es hat nichts mit eurem Menschsein zu tun. Vielleicht seid ihr nach vielen vergangenen Leben und Jahren der Meditation reif genug, um wirklich zu verstehen, was dieser Weg bedeutet. Wenn ich euch diese Praktiken vermittle, dann gilt das nicht für euch als menschliche Wesen. Es sieht zwar so aus, als könntet ihr diese Praktiken in eurer menschlichen Form ausüben, aber ich kann euch versichern, dass euer Menschsein nichts damit zu tun hat. Wenn ihr in die Stille eintretet, dann seid ihr durch tiefgreifenden Frieden gegangen, durch glückseliges wahres Gewahrsein. Das ist, was Stille ist. Es bedeutet nicht einfach nur ruhig zu sein. Es geht darüber hinaus. Es bedeutet nicht einfach, den Verstand ruhig zu stellen. Wie ich schon immer sagte: Ihr müsst erkennen, dass es keinen Verstand gibt, der ruhig zu stellen ist. Wenn ihr erkennt, dass es keinen Verstand gibt, seid ihr automatisch still. Solange ihr denkt, einen Verstand zu haben, werdet ihr alle Anstrengungen unternehmen, um ihn ruhig zu stellen, aber ihr schafft es nicht. Wie viele von euch glauben, dass sie den Verstand durch Anstrengung ruhig stellen können? Das ist nicht möglich. Es ist nicht die Anstrengung, die den Verstand ruhig stellt. Es ist das Erkennen, dass ihr keinen Verstand habt, und dann bleibt ihr einfach ruhig, und alles wird sich von alleine regeln.

Wenn ihr unbedingt meditieren wollt, dann lasst euch durch nichts davon abhalten. Dieser Weg richtet sich niemals gegen irgendeine andere Methode, letztendlich führen sie alle zum Erwachen. Ihr müsst tun, was immer ihr tun müsst. Aber für die, die verstehen, wovon ich spreche und erkennen, dass ihr es mit keinem Verstand, keinem Körper, keiner Welt, keinem Universum, keinem Gott zu tun habt, kommt das Erwachen sofort, weil da niemand ist, der schläft. Könnt ihr dem folgen? Wenn ihr denkt, ihr müsst etwas überwinden, wenn ihr glaubt, an euch selbst arbeiten, eine Art Anstrengung unternehmen zu müssen, dann wird es hart sein. Denn wer strengt sich letztendlich an? Das Ego. Wer schreibt euch all die Sachen vor, die ihr überwinden müsst? Der Verstand. Ihr denkt, ihr müsst eure schlechten Angewohnheiten überwinden, euer vergangenes Karma überwinden, Samskaras überwinden. All das ist eine Lüge.

Manchmal spreche ich über diese Dinge. Das hört sich an wie ein Widerspruch, doch ich teile die höchste Wahrheit mit euch. Es gibt keine Samskaras zu überwinden – sie haben nie existiert. Es gibt kein Karma zu überwinden, weil es nicht existiert. Nur für die unreifen Schüler existiert es. Sie müssen an etwas arbeiten. So erkläre ich ihnen, da gibt es Karma, da sind Samskaras, da sind verborgene Tendenzen in euch, die ihr überschreiten müsst. Ich lüge sie an. Aber sie müssen das wirklich an diesem Punkt ihrer Entwicklung hören, sonst können sie an nichts anderem arbeiten.

„ICH" MUSS NICHTS ÜBERWINDEN

Die Wahrheit jedoch ist, ihr müsst nichts überwinden. Denkt darüber nach. Selbst wenn ihr etwas überwinden müsstet, würde es euch nie gelingen. Denn es ist die Natur des Verstandes, Spiele mit euch zu spielen. Sobald eine Sache überwunden ist, taucht die nächste auf, und dann müsst ihr die überwinden. Wenn ihr diese dann überwunden habt, taucht schon wieder die nächste auf. Nehmen wir mal an, du bist Alkoholiker und sagst dir: „Ich muss das überwinden." Vielleicht gelingt es dir. Aber es führt zu schlechter Laune. Es führt dazu, dass du lügst. Dann musst du das Lügen überwinden. Es hört nie auf. Erst wenn du zu erkennen beginnst: „Ich" muss nichts überwinden. Dann fängst du an, mit dem Ich zu arbeiten. Dann endlich erkennst du, dass es das persönliche Ich ist, das für all die Probleme verantwortlich ist. Das ist zwar ein fortgeschrittenes Stadium, aber es ist auch eine Lüge, weil das persönliche Ich nie existiert hat. Aber ihr wisst das nicht. Weil ihr denkt, das persönliche Ich existiere, müsst ihr Selbst-Befragung benutzen, um herauszufinden, dass es tatsächlich gar nicht existiert. Es hat nie existiert und es wird nie existieren. Wäre es nicht wunderbar, wenn ihr euch einfach hinsetzen und all das in einem Augenblick erkennen könntet und frei wäret?

Aus irgendeinem Grund können wir uns nicht erlauben, das zu tun. Wir wollen das Spiel des Überwindens spielen. So sagen wir: „Ich muss an mir arbeiten. Ich muss üben. Ich muss meditieren. Ich muss alleine sein. Ich muss dies tun und muss jenes tun." Aber ich sage euch, es gibt nichts zu tun. Ihr müsst nur erkennen, was ich sage und aufwachen. Und das ist es. Noch einmal, wer muss aufwachen? Es sind alles Lügen, aber ich benutze Worte. Wie kann das Selbst aufwachen? Das Selbst hat nie geschlafen. Erkennst du nicht, wer du jetzt bist? Du bist kein sterbliches Wesen. Es gibt keine Worte, die ausdrücken könnten, was du bist. Du musst es herausfinden. Also übst du. Aber wenn du dein Sadhana praktizierst, erinnere dich stets daran, dass es niemanden gibt, der praktiziert. Wer macht also die Übungen? Der Körper und der Verstand. Wenn du dich nur daran erinnerst, dass weder ein Körper noch ein Verstand existieren, dann gibt es auch niemanden, der praktiziert. Erinnere dich also daran, während du übst.

Ich weiß, ihr werdet heute hinausgehen und sagen: „Gut, und was mache ich jetzt?" Seht es folgendermaßen. Solange ihr Körperbewusstsein habt und solange euer so genannter Verstand noch die Kraft hat, euch so oder so fühlen zu lassen, solange müsst ihr Übungen machen. Ansonsten wird euch euer

Körper/Verstand kontrollieren. Die höchste Übung ist Atma Vichara, Selbst-Befragung. Der Grund, weshalb ich so zu euch spreche ist der, dass ich fühlen kann: Ihr alle hier seid durch viele Wege gegangen und ihr seid keine Neulinge. Ihr seid reif dafür, seid bereit zu hören, dass es keine Übung gibt, keinen Gott, keine Erleuchtung, keine vergangenen Leben, dass es kein du gibt und dass ihr frei seid.

DAS ENDLICHE KANN DAS UNENDLICHE NICHT ERFASSEN

Die Menschen wollen immer noch wissen, was übrig bleibt, wenn alles vorbei ist. Was ist die Grundessenz? Die Ursache? Die der gesamten Existenz zugrundeliegende Ursache? Es muss doch etwas geben, das alles zusammenhält. Wer sagt das? Da ist nichts zusammenzuhalten. Erinnert euch auch daran, dass das Endliche das Unendliche nicht erfassen kann. Wenn ich also sage, da ist nichts, das irgendetwas zusammenhält, dann meine ich, dass es nichts gibt, was mit Worten beschrieben werden könnte. Ich benutze Worte wie Glückseligkeit oder Reines Gewahrsein, Bewusstsein, Sat-Chit-Ananda, Parabrahman. Und Parabrahman ist sehr mächtig, weil es jenseits von Brahman ist. Was kann jenseits von Brahman sein? Stille. So etwas wie Parabrahman existiert nicht. Denn sobald du daran denkst, heißt das, dass es ein Objekt für dich ist. Zum Beispiel ein Ort, an dem man sich aufhalten kann. Ein Ort, um in der Stille zu sein, das ist Parabrahman. Aber das ist falsch. Da ist kein Ort. Da ist keine Stille. Da ist kein Parabrahman. Was ist es denn dann? Finde es heraus. Du kannst es nur selber erfahren. Denn es gibt keine Worte, um es zu beschreiben.

Du musst mit deinem Leben ins Reine kommen. Das verlangt totale Ehrlichkeit. Halte dich nicht länger selber zum Narren. Schau, wie du herumläufst von Pontius zu Pilatus, hierhin und dorthin, immer auf der Suche. Immer Ausschau haltend. Immer nach etwas strebend. Wonach? Einige von euch denken, sie könnten einen Lehrer hoch oben in den Wolken finden, und ihr sucht immer weiter nach diesem Lehrer, bis ihr ihn oder sie irgendwo findet. Ein solcher Lehrer existiert nicht. Wenn du endlich ruhiger wirst und anfängst, öfter in die Stille zu gehen, dann wird dir dein Lehrer erscheinen und du wirst begreifen, dass er niemand anderer ist als du Selbst. Dann magst du fragen, was ich hier mit euch mache? Ich bin euer Selbst. Ich sehe das sehr klar. Es gibt keinen Unterschied zwischen euch und mir. Wenn ihr deprimiert seid, wenn ihr ärgerlich seid, wenn ihr euch unwohl fühlt, dann fühlt ihr mich. Wenn ihr glücklich seid, wenn ihr euch erleuchtet fühlt, wenn ihr euch schön fühlt – das bin auch ich. Alles ist das Selbst und Ich bin Das. Einige von euch denken immer noch, ich spreche von Robert. Robert hat damit nichts zu tun. Ich spreche von All-gegenwärtigkeit. Ich spreche von Nichts. Und ich glaube, weiter zu sprechen ist Zeitverschwendung.

BIN ICH DER
KÖRPER / VERSTAND?

„Ich" ist das erste Pronomen. Das zweite ist „bin".
Wenn du erkennst „Ich bin", dann wirst du frei.
Das nennt man „Sein".
Nicht dieses sein oder jenes sein. Nur einfach Sein.
ICH BIN.

Es ist anders als die Identifikation mit dem Körper.
Der Körper wird weiterhin Erfahrungen machen, du jedoch nicht.
Du wirst frei sein von all dem.
Aber für andere wird es so aussehen, als ob du tust was du
immer getan hast.

Es scheint, als sei, was du tust, eine Realität.
Doch wenn du die Wahrheit über dich entdeckst und erwachst,
dann wirst du nicht länger mit deinem Körper verbunden sein.
Nach wie vor wirst du anderen wie ein Körper erscheinen
und sie werden die Spiele sehen, die du spielst.
Aber du wirst frei davon sein.
Nur dein Körper wird fortfahren, die Spiele zu spielen.

Es ist ein Paradox.
Dein Körper erscheint wie das Wasser in der Fata Morgana,
wie die Schlange im Seil.
Und doch, wenn du erwachst, bist du nicht länger der Körper.
Und da ist niemand.
Aber der Körper scheint für andere real zu sein.

Deshalb, wenn ein Jnani stirbt oder zu leiden scheint,
geschieht dem Jnani in Wirklichkeit nichts.
Aber für den Ajnani geschehen alle möglichen Dinge.

Sie sehen Leiden.

Sie identifizieren sich mit Sorgen, mit dem Tod und
mit allem anderen.

Darum sage ich dir, bleibe unberührt von diesen Dingen.

Frage „Zu wem kommen sie?" und sei frei.

DU BIST NICHT, WAS DU ZU SEIN SCHEINST

Was würdest du tun, wenn du eines Morgens aufwachst und
feststellst, du hast keinen Körper? Es ist kein Körper mehr da.
Du schaust unter der Bettdecke nach. Du suchst, aber du kannst
ihn nicht finden. Und du erkennst auch, dass die Gedanken,
die dieses denken, nicht du sind. Du bist irgendwo Zeuge des
Gedankens, dass du nicht der Körper bist und dass da gar kein
Körper ist.
Und doch fühlst du dein Wesen in allem. In den Möbeln,
im Bett, den Fenstern, dem ganzen Universum. Und wenn
deine Frau oder dein Mann oder deine Kinder hereinkommen,
sehen sie dich als Körper. Doch du weißt ganz sicher, dass du
nicht der Körper bist. Du bist nie ein Körper gewesen. Es gibt
keinen Körper. Das ist ein Erwachen. Das Paradoxe ist, du bist
sicher, dass da kein Körper ist und doch erscheint der Körper.
Wenn du dich daran gewöhnt hast, siehst du einen Körper, der
du sein sollst und zugleich gar nicht da ist. Du weißt, da ist kein
Körper und da sind keine Gedanken. Und doch denkt etwas,
und etwas scheint ein Körper zu sein. Das ist ein großes Paradox. Das ist, was wir Maya nennen, die große Illusion.
In diesem Moment glaubst du, ein Körper zu sein. Du bist
dir dessen ganz sicher. Aber ich kann dir ehrlich sagen, du irrst.
Du warst es nie, und du wirst es nie sein. Und doch identifizierst
du dich mit dem, was du einen Körper nennst, du machst Erfahrungen im Leben, du bist glücklich, du bist traurig, du weinst,
du lachst, du bist krank, du bist gesund, du bist arm, du bist reich.

Du gehst durch das Auf und Ab des Lebens, machst Karriere, nimmst verschiedene Seiten und Positionen ein, kämpfst um dein Recht, kämpfst um dein Überleben und du gehst durch all diese Dinge, die nicht existieren. So bist du jetzt. Das ist die Wahrheit über dich in diesem Moment. Du existierst nicht. Und doch scheinst du zu existieren. Du scheinst zwei Arme und zwei Beine zu haben und dich umherzubewegen und du tust Dinge und fühlst Dinge und du gehst durch Dinge. Aber tust du das? Ich kann dir mit Sicherheit sagen, du tust es nicht. Du hast es nie getan und wirst es nie tun. Wenn du das über dich erkennst, hörst du auf, verletzbar zu sein. Nichts kann dich je wieder verletzen. Deine Gefühle können nie verletzt werden, weil du keine Gefühle hast. Du existierst als Reines Bewusstsein, Reines Gewahrsein. Versuche, mir zu folgen. Dies ist unsere wahre Natur, Reines Gewahrsein, genau jetzt. Da war nie ein Körper, mit dem du umgehen musstest. Und doch ist für viele von euch der Eindruck so stark, dass euch der Gedanke, ein Körper zu sein, nicht einen Moment lang verlässt. Der Gedanke: Ich bin der Körper, ich bin der Verstand, ich bin der Erfahrende, ist immer mit euch. Jede spirituelle Lehre endet mit dieser Erkenntnis. Sogar für die Priester und die Rabbis und die Minister und die Yogis und all diese Leute. Was sie versuchen, zu lehren und euch zu sagen, ist die höchste Wahrheit. Dass ihr nicht der Körper seid, nur sie selber erkennen das noch nicht. Jede spirituelle Lehre verfolgt dieses Ziel.

ALLES IST GUT

Am Dienstag nahm ich an der Beerdigung meiner Schwiegermutter teil. Jemand fragte mich, warum ich nicht weine? Deshalb fing ich an, zu weinen und weinte lauter als alle anderen. Sie mussten mir ein Handtuch bringen, so sehr weinte ich. Und alle waren zufrieden. Ich weinte ungefähr zehn Minuten lang, keine Ahnung warum. Wenn Leute mich bitten, etwas zu tun, dann tue ich es. Doch meine Gefühle verändern sich nie. Welche Gefühle sind das? ALLES IST GUT. Diese Worte tauchen nie in meinem Verstand auf. Aber da ist etwas, das weiß: Alles ist gut. Da ist eine mysteriöse Kraft, die ich immer spüre. Natürlich ist diese Kraft das Selbst, das Bewusstsein. Sie existiert jenseits des Bewusstseins, jenseits des Selbst. Was das Ich genannt wird, ist einfach eine auf diese Kraft projizierte Erscheinung. Daher kann ich der Körper und die Kraft zur gleichen Zeit sein. Der Körper kann weinen und lachen. Ich kann durch alle möglichen Erfahrungen gehen, aber niemand wird davon berührt. Die Erfahrung ist wie ein verbranntes Seil, ohne Wert. Mit einem verbrannten Seil könnt ihr nichts anfangen. Bei dem Versuch, es anzufassen, fällt es auseinander. So sind die Gefühle und die Emotionen und alles andere, was dieser Körper ausdrückt, wie ein verbranntes Seil – ohne Wert.

Es gibt keine Worte, um das zu erklären. Aber ich kann euch versichern, dass sich alles so entfaltet, wie es soll. Egal was in eurem Leben passiert oder zu passieren scheint, glaubt mir, es ist alles zu eurem größtmöglichen Besten. Nichts in diesem Universum kann euch je verletzen, egal wie die Dinge erscheinen und wie sie aussehen. Zuallererst: Ihr seid nicht euer Körper. Da ist nichts Verletzbares. Ihr seid nicht euer Verstand. Somit gibt es keine Gedanken, die euch anziehen oder zerstören oder abstoßen können. Ihr seid jenseits davon. Ihr seid mehr als sie.

Solange ihr glaubt, das Körper/Verstand-Phänomen zu sein, werdet ihr Probleme haben. Das ist klar. Es ist mir egal, welche Art von Problemen ihr zu haben glaubt oder wie ernsthaft sie sein mögen. Solange ihr euch für das Körper/Verstand-Phänomen haltet, werdet ihr Probleme haben. Ihr mögt es für gerechtfertigt halten, Probleme zu haben. Ihr mögt denken, es sei nicht eure Schuld. Ihr mögt denken, es sei Karma. Ihr mögt alles Mögliche darüber denken, aber solange ihr an den Körper/Verstand glaubt, werdet ihr Probleme haben, denn so ist die Welt, in der wir leben, die Welt, die nicht existiert. Sie scheint real für die meisten von uns. Und wenn wir glauben, wir seien der

Körper/Verstand, dann glauben wir auch, die Welt sei real und wir müssten Gott um Lösungen bitten. Wir tun all diese Dinge, und doch leiden wir.

Leiden wird nicht enden, wenn Gott eure Gebete erhört, sondern wenn ihr zur Wahrheit eures eigenen Seins erwacht. Dann werdet ihr sozusagen neu geboren, in eine neue Realität und alles ist gut. Aber ihr sagt zu mir: „Aber Robert, manchmal scheinst auch du Probleme zu haben. Dein Karma entfaltet sich die ganze Zeit, oder dein physischer Körper fühlt sich nicht so gut, oder irgendetwas ist los." Meine Frage an euch ist diese: Wer sieht das? Da muss es einen Sehenden geben und ein Objekt. Ihr seht euch selbst. Wenn ihr aufwacht, verändert sich die Welt nicht. Ihr seht sie nur anders, das ist alles. Ihr erlangt ein Gefühl von Unsterblichkeit. Ein Gefühl göttlicher Glückseligkeit sozusagen, wenn Dinge nicht mehr die Kraft haben, euch zu beeinflussen. Mit anderen Worten: Im erleuchteten Zustand existieren Ursache und Wirkung nicht mehr für euch. Diejenigen, die in der Welt leben, gehen weiterhin durch ihr Karma und sehen sich selbst, wo immer sie hinschauen. Erinnert euch daran, die Welt ist nur eine Projektion eures Verstandes.

Nun, welche Art von Projektion ist das? Es hängt von eurem Zustand ab, wo ihr herkommt. Wir alle betrachten die Welt und sehen etwas anderes. Alles, was wir sehen, sind wir selbst. Es gibt keine Probleme. Sie existieren nicht. Und sie werden nie existieren. Das einzige Problem, das existiert, ist was? Wer kann mir das sagen?

Kuwait.

Nahe dran. Was sage ich immer, weshalb ein Problem existiert? Es hat mit eurer Nase zu tun. Das stimmt. Ihr erlaubt euren Gedanken, über eure Nase hinauszugehen. Das ist der einzige Grund, weshalb ihr Probleme habt. Wenn ihr euch dabei ertappt, bevor sie über eure Nase hinausgehen, wo sind die Probleme? Das Problem sind eure Gedanken, nur eure Gedanken. Wenn der Verstand langsamer wird, wenn der Denkprozess langsamer wird, wo ist dann das Problem? Es existiert nicht. Aber wenn ihr euren Gedanken erlaubt, über eure Nase hinauszugehen, dann werdet ihr alle möglichen Probleme haben. Ihr glaubt, dies sei falsch, und das sei nicht richtig, und dies verletzt euch, und ihr habt Zweifel und seid besorgt und misstrauisch und ängstlich und so weiter. Weil ihr denkt. Ihr mögt sagen, wie kann man existieren ohne zu denken? Recht gut, danke. Die Bäume müssen nicht denken. Das Gras muss nicht denken. Die Welt muss nicht über sich selbst nachdenken. Für alles wird bestens gesorgt.

Da ist eine Kraft, die sich um alles kümmert, auch um euren so genannten Körper, wenn ihr aufhört zu denken. Aber solange ihr denkt, ich bin der Körper, müsst ihr euch um den Körper kümmern, ihn beobachten, mit Aspirin und Grippemitteln und mit gescheitem Essen füttern und alle möglichen seltsamen Dinge mit ihm tun. Aber euer Körper und euer Verstand sind nicht eure Freunde. Sie haben ihre eigenen Gesetze. Hat euer Körper euch heute morgen um Erlaubnis zum Aufstehen gefragt? Er ist einfach aufgestanden. Er macht, was er will. Ihr habt nichts mit dem Körper oder dem Verstand zu tun. Wenn ihr deprimiert seid, fragt dann euer Verstand, ob er das sein darf? Er macht, was er will. Wenn ihr Angst habt, fragt euer Verstand um Erlaubnis? Er macht, was er will. Wenn euer Körper eine Grippe bekommt, fragt er euch, ob er das darf? Er macht, was er will. Aber was habt ihr mit diesen Sachen zu tun?

IDENTIFIZIERE DICH MIT DER QUELLE, ICH BIN

Heute morgen rief mich eine Frau aus Santa Cruz an. Und sie fragte mich: „Wie lange muss ich zum Satsang kommen, um erleuchtet zu werden?" Ich sagte ihr: „Bevor ich antworte, muss ich eine Frage stellen: Was meinen Sie mit Ich? Und was meinen Sie mit Satsang?" Und sie legte auf. Warum tat sie das wohl? Das ist etwas, über das wir sprechen können oder über das ich sprechen kann, ich habe ja nichts anderes zu tun. Wie lange muss „Ich" zum Satsang kommen? Wie lange muss das „Ich" zum Satsang kommen? Muss das „Ich" zum Satsang kommen? Was ist dieses geheimnisvolle „Ich"? Was bedeutet es? Wie lange muss das „Ich" zum Satsang kommen? Der Grund, weshalb ihr es Ich nennt, ist, dass ihr es missverstanden habt. Ihr identifziert das Ich mit dem Körper. Deshalb sagt ihr, wie lange muss Ich zum Satsang kommen. Was ist dann Satsang? Sat bedeutet Sein, mit dem Selbst sein. Daher sind Ich und Satsang dasselbe. Und das bedeutet, Satsang ist eure alltägliche Erfahrung. Es ist nicht ein Ort, an den ihr geht. Es hat damit zu tun, wie ihr euer Leben lebt. „Ich" bedeutet Trennung, aber es gibt keine Trennung. Da ist ein Ganzes und ihr seid Das. Aber solange ihr Ich von eurem Selbst trennt, werdet ihr immer fragen. Ich bin krank, ich bin glücklich, ich bin deprimiert, ich fühle mich daneben. Wer ist dieses Ich? Wo kam es her? Wo entsteht es? Was ist seine Quelle? Findet es heraus. Taucht tief in euch hinein und findet heraus, wo das Ich herkam. Eine gute Möglichkeit dazu ist: Sagt zu euch selbst, bevor ihr einschlaft: „Ich werde mein ‚Ich' morgen früh beim Aufwachen finden."

Knapp vor dem Aufwachen, bevor du anfängst zu denken, präsentiert sich das Ich als ICH BIN, als reines Bewusstsein. Ergreife es. Das ist die beste Zeit, um es zu fangen. Sobald du am Morgen aufwachst, in jenem Sekundenbruchteil, bevor du richtig wach bist und anfängst zu denken, noch bevor die Gedanken an die Welt auftauchen. Das ist die Zeit, das ICH BIN zu erwischen, die Absolute Realität. Denn in diesem Moment bist du genau DAS, Reines Gewahrsein. Und dann kommen die Gedanken und verdecken es wieder. Erinnere dich daran. Wenn du schlafen gehst, sage zu dir selber: „Morgen früh, wenn ich meine Augen öffne, werde ich mich mit meiner Quelle, mit ICH BIN, identifizieren", und so wird es sein. Selbst wenn es nur eine Sekunde dauert, es wird dein Leben verändern.

Wenn du das jeden Morgen tust, wieder und wieder und wieder, dann wird die Zeitspanne zwischen Aufwachen und dem

Erscheinen der Gedanken größer werden. Und der Raum wird sich ausdehnen und ausdehnen und ausdehnen, bis du fähig bist, im Gewahrsein zu bleiben. Natürlich wird es dann kein du mehr geben. Dann gibt es nur noch Gewahrsein. Versuche es. Du musst forschen. Du musst auf intelligente Weise tief in dich eintauchen, um die Quelle deines Ich zu finden. Akzeptiere deine Gefühle nicht. Akzeptiere deine Gedanken nicht. Sieh nicht tatenlos zu, wie du leidest, ohne etwas dagegen zu unternehmen. Werde wenigstens zum Beobachter. Das wird auch helfen. Aber es ist besser, zu fragen: „Warum leide ich?" Und erkenne, dass du fragst, warum leide „Ich"? Ich, ich identifiziere mich mit meinem Körper als Ich. Wieder ein Fehler. Das Ich an sich ist reine Harmonie, Freude, Glück. Aber wenn du das Ich mit dem Körper/Verstand identifizierst, wird es zum persönlichen Ich, das noch nicht einmal existiert. Erst du lässt es real werden. Du identifizierst dich damit. Warum willst du dich mit deinem persönlichen Ich identifizieren? Dein persönliches Ich hat nie existiert. Warum hast du dich mit ihm angefreundet? Warum gibst du ihm soviel Kraft? Warum lässt du es wachsen?

Hole dir deine Kraft zurück. Entblöße dich, das wirkliche Ich, und vergiss all den Unsinn über den Verstand und den Körper und die Gedanken und die Welt und Gott und alles andere, was real zu sein scheint. Vergleiche dich mit niemandem. Sei ehrlich mit dir selbst. Es ist egal, wie weit fortgeschritten jemand anders sein mag. Vergiss alle Heiligen und Weisen und andere Leute. Du bist der Einzige, der je existiert hat, und es gibt niemanden außer dir. Du bist alle Heiligen und alle Weisen und alle Seher. Du bist alles. Alles ist das Selbst und du bist Das. Warum nicht dazu aufwachen? Warum willst du so lange Spiele mit dir selbst spielen? Indem du an Reinkarnation glaubst, kommst du immer und immer wieder, immer in der Hoffnung auf ein besseres nächstes Leben. Es gibt kein besseres Leben.

Solange du aus dem Fleisch geboren wirst, musst du leiden. Das ist der Weg des Fleisches. Höre auf mit dem Versuch, dein

Leben zu verbessern. Du machst einen großen Fehler. Zweifellos, wenn du positives Denken und deinen Verstand benutzt, dann scheint es, als wenn dein Leben sich bessert. Aber erinnere dich: Diese Welt, in der du lebst, ist eine Welt der Dualität. Für jedes Hoch gibt es ein Tief. Für jedes Vorwärts gibt es ein Rückwärts. Für jedes Gut gibt es ein Schlecht. Daher kann jede Verbesserung in deinem Leben nur für eine Weile anhalten, dann wird sie nachlassen, und du bist wieder unglücklich. Dann bist du wieder für eine Weile glücklich, wenn sich deine Wünsche erfüllen, und danach wirst du wieder unglücklich sein. Du wirst anfangen, für dein Recht und für dein Überleben zu kämpfen. Wenn du bekommst, was du haben willst, wirst du wieder glücklich sein. Du bist wie ein Yo-Yo. Du gehst rauf und runter, rauf und runter. Und egal, wie oft ich darüber spreche, du machst immer weiter damit. Also warum spreche ich überhaupt? Ich weiß es nicht. Ich habe keine Wahl. Ihr wisst, ich habe nie darum gebeten, dies zu tun. Seltsam, wie manche Dinge so geschehen.

Das ist jetzt zu spät.
Alles was ich weiß ist, dass alles gut ist und sich so entfaltet, wie es soll. Alles was ich weiß ist, dass Glück deine wahre Natur ist. Dass du nicht das bist, was du zu sein scheinst. Nichts kann dir je geschehen. Warum sorgst du dich so sehr? Wovor hast du Angst? Dein Leben? Du hast kein Leben. Was du dein Leben nennst, ist nichts. Es existiert nicht. Es ist nichts. Du sorgst dich über deine ausfallenden Haare, über Schuhe, die du brauchst, dass du zu dick wirst. Was für eine Energieverschwendung! Als ob man ein totes Pferd füttert. Wir werden alle auf dem Friedhof landen, also was macht es für einen Unterschied, was du tust?
Letzte Woche sprach ich mit einem Bodybuilder. Er erzählte mir von seinen Muskeln. Was er für diesen Muskel tut und für jenen Muskel und wie gut er isst. Und so sagte ich ihm: Das ist phantastisch, du wirst der gesündeste Mann auf dem Friedhof

sein. Denn darauf läuft es doch hinaus. Warum nicht deine Energie für konstruktive Zwecke benutzen? Das muss nicht heißen, dass du den Körper ignorierst. Der Körper wird für sich selber sorgen. Und tatsächlich, je mehr du dein Sadhana praktizierst oder deine wahre Identität erkennst, desto mehr wird dein Körper fähig sein, für sich selbst zu sorgen, weil er unter ein anderes Gesetz fällt. Er weiß, was zu tun ist. Er wird das tun, weshalb er in diese Welt gekommen ist, aber es hat absolut nichts mit dir zu tun. Wache auf zu dieser Tatsache.

Höre auf, soviel über dich selbst nachzudenken. Darüber, einen neuen Job zu bekommen oder einen Job zu verlieren oder gar nicht zu arbeiten. Niemand ist je glücklich. Die Menschen, die arbeiten, sind unglücklich, weil sie arbeiten müssen. Die Menschen, die nicht arbeiten, sind unglücklich, weil sie keinen Job finden. Und wenn sie einen finden, dann gesellen sie sich zu den Unglücklichen, die ihren Job nicht leiden können. Wo ist Frieden? Frieden ist deine wahre Natur. Er ist in dir. Er ist du. Suche danach und du wirst ihn finden.

WENN DER VERSTAND ZERSTÖRT IST, ERSCHEINT BEWUSSTSEIN VON SELBST

Sogar in der Religion versucht man, sich während der Meditation auf den jeweiligen Gott zu fokussieren, also auf einen Gegenstand. Dadurch werdet ihr nicht aufwachen. Es mag eure Konzentration verbessern, euch zielgerichteter machen, aber es hilft euch nicht aufzuwachen. Ihr könnt nur aufwachen, wenn der Verstand zerstört ist. Wenn der Verstand nicht mehr vorhanden ist. Wenn der Verstand zerstört ist, erscheint Bewusstsein von selbst.

Wenn ich davon spreche, den Verstand zu verlieren, meine ich damit, den Verstand leer werden zu lassen, den Verstand zu zerstören, den Verstand auszulöschen. Nicht jedoch, ihn in irgendetwas anderes zu verändern.

Denn in Wahrheit bist du bereits Das. Du bist immer schon Das gewesen. Aber du weinst immer noch über verschüttete Milch, wenn du dein Leben anschaust und Dinge siehst, die dich aus der Fassung bringen. Du siehst Dinge, die dich ärgern oder dir Sorgen machen, die dich unruhig machen und in Aufregung versetzen. Was für eine Energieverschwendung, was für eine Zeitverschwendung.

Es gibt nichts in dieser Welt, das so wichtig ist. Solange du glaubst, es sei wichtig, wirst du nicht aufwachen. Es geht nicht. Denn du bist im Maya gefangen. Du spielst das Spiel. Du bist immer noch im Leela gefangen. Du fühlst. Du reagierst. Du argumentierst. Du diskutierst. Du bist immer noch nicht sicher.

Solange du so handelst, kannst du nicht aufwachen. Nimm nur die Dinge, die du heute gedacht hast. Nur heute, seitdem du wach geworden bist. All die Dinge, die dir durch den Kopf gegangen sind. Denke an deine Handlungen, deine Empfindungen, Sorgen, Gefühle von Traurigkeit oder Freude oder was auch immer. All das ist Verschwendung deiner kostbaren Energie.

Das ist es, was dich zurückhält. Das ist es, was dich zu einem menschlichen Wesen macht. Das ist es, was dich weltlich macht. Es ist an dir, zu verstehen, was ich sage und damit anzufangen, deinen Kopf darauf zu programmieren, nicht mehr zu reagieren. Wenn sich etwas in deinem Verstand oder in deiner Welt ereignet, werde zum Beobachter. Werde zum Zeugen. Reagiere nicht. Versuche, deinen Verstand im Jetzt zu zentrieren, im Moment. Denke nicht über das nach, was vor zehn Minuten oder gestern oder vor einer Woche, letzten Monat, letztes Jahr oder vor fünf Jahren war. Denke nicht daran, was dir jemand vor zehn Jahren angetan hat oder wie falsch du behandelt wurdest. Dies sind die Dinge, die dich zurückhalten.

Überlege auch nicht, was du nächste Woche tun wirst. Oder was du tun musst, um nächsten Monat erleuchtet zu werden. Oder welchen Lehrer du dir nächstes Jahr anschauen willst. Oder welches Buch du als nächstes lesen müsstest. Denke nicht

über solche Dinge nach. All diese Dinge sind Teil des Maya,
Teil der großen Illusion. Sie ziehen dich zurück in die Materie.

*Wie kann ich all die praktischen Dinge, die erledigt werden müs-
sen, im Zustand von „Ich bin nicht der Körper" tun?*
Wenn du wirklich wüsstest, dass du nicht der Körper bist,
würde sich diese Frage nicht stellen. Der Körper wird immer
für sich selbst sorgen. Wer lässt die Orangen am Baum wachsen? Wer lässt das Gras wachsen? Die gleiche Kraft wird sich
auch um deinen Körper kümmern. Du brauchst dich darum
nicht zu sorgen. Alles wird in Ordnung sein. Dein Körper wird
nicht einfach vor einem Lastwagen auf die Straße laufen, wenn
du nicht gerade vor dich hin träumst. Du wirst wach sein! Wach
sein heißt nicht benommen sein.

Weil du denkst, du seist der Körper, glaubst du, du bist der
Handelnde, der alles regelt, der geht, der einkauft, der Mahl-
zeiten zubereitet. Aber du hast nichts damit zu tun. Wach sein
heißt, dir bewusst zu sein, dass alles ein spontanes Geschehen
ist, welches nichts mit dir zu tun hat. Gras wächst spontan, aber
wir denken, wir bewirken das Wachsen mit unserer Willens-
kraft. Das gleiche gilt für die Aktivitäten unseres Körpers. Eigentlich funktionieren sie viel besser, wenn du nicht darüber
nachdenkst. Daher: Sei du selbst und beobachte, was geschieht.

*Warum müssen wir durch soviel Unannehmlichkeiten und
Kummer gehen in der Welt? Worum geht es dabei? Wenn wir
Bewusstsein sind, warum müssen wir uns dann mit der materiel-
len Welt abgeben?*
Ihr müsst es gar nicht. Frage dich, wer sich kümmern muss.
Es gibt niemanden, der sich kümmern muss. Es ist wie ein
Traum. Du träumst den sterblichen Traum. Kneife dich selbst.
Wache auf. Sei frei. Da ist niemand, der das tun muss. Schau,
wir sind Gefangene einer Hypnose. Wir sind hypnotisiert, daran
zu glauben, dass wir durch Erfahrungen gehen müssen, also ist
es nur natürlich zu fragen, warum. Aber die Wahrheit ist:

Niemand geht durch irgendwelche Erfahrungen. Es erscheint lediglich so. Genau wie mit dem Wasser in der Fata Morgana oder dem Blau des Himmels oder der Schlange im Seil. Es scheint so, es erscheint real. Aber sobald du die Wahrheit kennst, bist du frei. Da wird niemand sein, der durch irgendetwas durchgeht. Nur wenn du an der Idee von „Ich bin der Körper" festhältst, scheint es so, als würdest du etwas durchmachen. Aber sobald du die Körperidee aufgibst, indem du erkennst: „Ich" ist der Körper – nicht du, sondern „Ich" – dann wirst du frei. Du warst nie der Körper. Es gibt keinen Körper. Aber ich gestehe ein, dass dieser hypnotische Glaube in den meisten Menschen so stark ist, dass es sehr schwierig ist, zu glauben, dass du nicht der Körper bist. Weil du ihn siehst, ihn beobachtest, fühlt und handelt er. Das ist der Grund, weshalb du Selbst-Befragung praktizieren musst.

Was ist der Unterschied zwischen dem Zustand von No-Mind und Erleuchtung?
Der No-Mind-Zustand ensteht, wenn du durch Praktizieren in die Stille kommst, wo Gedanken dich nicht länger belästigen. Dahin kommst du durch Selbst-Befragung. Das ist der schnellste Weg. Aber das ist noch nicht Selbst-Verwirklichung. Selbst-Verwirklichung geschieht dann, wenn der Verstand ins spirituelle Herz gezogen wird. Befreiung, Moksha, Selbst-Verwirklichung geschieht dann, wenn der in der Stille übriggebliebene Verstand vollständig in das spirituelle Herz gezogen wird. Genau dann verschwindet der ganze Verstand, das „Ich", vollkommen, und du bist frei. Der no-mind-Zustand ist ein sehr fortgeschrittener Zustand. Es ist ein Zustand von Glückseligkeit, aber da ist immer noch jemand, der diese Glückseligkeit erfährt. Wenn die Glückseligkeit ins Herz gezogen wird, ist niemand mehr da, um irgendetwas zu erfahren. Daher wirst du nicht mehr sagen: „Ich bin im no-mind-Zustand." An dem Punkt gibt es nichts zu sagen. Kannst du das verstehen?

Scheint klar für mich.

So klar wie Schlamm. Noch einmal: Der entscheidende Punkt, an den ihr euch immer wieder erinnern sollt, ist, dass ihr euch immer weiter selbst befragen müsst. Macht keine Feststellungen, befragt euch selbst. Der Verstand hasst das.

Robert, es sieht so aus, als ob es darum geht, dass der Verstand oder das Ego versucht, sich von sich selbst zu disidentifizieren und sich mit dem Mysterium zu identifizieren. Ist das genug, um die Kehrtwendung zu vollziehen?

Das reicht für die Kehrtwendung. Wenn der Verstand beginnt, sich über sich selbst zu wundern, wird er schwach. Je mehr du also die Frage stellst, desto schwächer wird der Verstand. Wenn du Aussagen machst wie: „Ich bin Gott oder ich bin Bewusstsein oder ich bin Absolute Realität", dann mag der Verstand das, weil er Gott werden will. Er will Gott werden, und dann denkt das Ego, es sei Gott. Und dann lauft ihr aufgeblasen durch die Gegend. Aber wenn ihr den anderen Weg wählt, wenn ihr fragt: „Wer bin ich, wo kam der Verstand her?", wird der Verstand schwach, er mag das nicht. Wie du sagtest, er fängt an, das Mysterium zu sehen und wird schwächer und schwächer. Er verschlingt sich selber, könnte man sagen. Aber natürlich ist die letzte Wahrheit, dass es gar keinen Verstand gibt, also konzentriere dich nicht auf den Verstand, der irgendetwas tut. Frage stattdessen: „Zu wem kommt der Verstand?"

Robert, du sagtest, wir sollten Fragen stellen, aber vorher hast du gesagt, wir sollen sagen: „Das bin nicht Ich." Das ist nicht fragen.

Es ist wie Fragen stellen. Das bin nicht Ich! Wer bin ich?

Robert, kann das alles geschehen, wenn man sich einfach hingibt?

Oh ja, natürlich. Wenn dir das zu kompliziert erscheint, dann gib einfach alles auf. Sage: Gott, nimm du es. Es ist alles deins. Und lass so vollständig los, dass da kein Platz mehr für eine Frage ist. Du sagst: Nimm es, Gott. Nimm die ganze Last. Ich kümmere mich nicht länger darum. Aber es ist auch schwierig, weil du alles an Gott abgeben musst und dich nicht mehr über irgendetwas sorgen darfst. Beunruhige dich über nichts in der Welt, um zu erkennen, dass Gott sich darum kümmert. Das ist wahre Hingabe.

MAYA

Alles, was du fühlst, hörst, berührst und schmeckst, ist Maya.
Alles ist Maya, die große Illusion.
Die meisten von uns verstehen nicht, was Maya wirklich bedeutet.
Mein Versuch, Maya zu erklären, ist Maya.
Alles, was deine Augen wahrnehmen
und du es für so wichtig hältst, ist Maya.
Alles, was du hörst, alles, was du liest,
alles, was du zu tun versuchst, um dich zu verbessern,
es ist alles Maya.

Das Wasser in der Fata Morgana ist Maya;
Etwas, das erscheint,
aber bei näherer Betrachtung siehst du, dass es das nicht ist.
Die ganze Welt ist so.
Das ganze Universum ist so.
Lasse dich nicht mehr zum Narren halten.
Nimm nichts mehr ernst.
Wende dich nach innen, höre auf zu reagieren.

Das Durcheinander, das Chaos, das in der Welt zu sein scheint,
ist nicht die Wahrheit. Es ist nicht die Realität.
Es kommt und geht.
Auch dies wird vorübergehen.
Aber dein Zentrum ist Gott,
Bewusstsein, Absolute Realität, Brahman.
Sie sind alle gleichbedeutend.
Das ist der Friede, der existiert.

MAYA – DIE GROSSE ILLUSION

Was wir Maya nennen, ist sehr mächtig, so scheint es. Es hat dich in seinen Klauen und lässt dich glauben, dass Dinge in der Welt vor sich gehen, dass Dinge sich bewegen, verändern. Das ist das Bild, das Maya dir zeigt. Es gibt nur sehr wenige Menschen, die durch einen Tag gehen können, ohne vom Maya beeinflusst zu werden. Denke an dich selbst, nur heute: Wie hat das Maya dich beeinflusst? Hast du etwas über deinen Körper geglaubt oder über jemand anderen? Oder über eine Situation in deinem Leben oder in der Welt? Oder über das Universum, und hast du es gefühlt? Das ist Maya.

Hier ist ein Beispiel. Ich habe diese Geschichte schon früher erzählt. Eines Tages gingen Buddha und sein Hauptschüler Narada eine Landstraße entlang. Buddha sprach über Maya. Er erklärte, dass der Baum, der Fluss, die Berge, die Schönheit, alle Insekten und Moskitos, Tiere, alles Maya ist.

Und Narada sagte: „Aber Meister, wie kann das sein? Es hört sich praktisch unmöglich an. Ich kann den Baum anfassen. Ich kann deinen Arm anfassen. Ich werde von einem Moskito gestochen. Ich fühle es, da ist eine Beule auf meinem Arm. Wie kann alles Illusion sein? Ich verstehe das nicht."

Buddha sagte: „Ich habe Durst. Geh und hole mir ein Glas Wasser." Da war eine Stadt in der Nähe, Narada ging dorthin und klopfte an die Tür des ersten Hauses, das er sah. Eine alte Frau öffnete. Sie sagte: „Was willst du?" Narada sagte: „Mein Meister möchte ein Glas Wasser." Sie betrachtete ihn und sah, dass er gut aussah, gut gebaut, gesund, und sie bat ihn, hereinzukommen.

Er betrat das Haus, und dort saß eine wunderschöne junge Frau auf einem Stuhl. Die alte Frau sagte: „Das ist meine Tochter. Ist sie nicht wunderschön?" Narada war überwältigt von ihrer Schönheit und sagte: „Sie ist das schönste Mädchen, das ich je gesehen habe." Die alte Frau fragte: „Würdest du sie heiraten wollen?" Und Narada sagte: „Warum nicht?"

Und so heiratete er das Mädchen. Sie feierten eine riesige Hochzeit, und alle Leute aus dem Dorf kamen. Am nächsten Tag bekam er eine Arbeit. Er war Töpfer und machte wunderschöne Töpfe aus Ton. Damit verdiente er den Lebensunterhalt. Nach dem ersten Jahr bekamen sie ein Kind, und sie konnten sich ein schönes Haus leisten. Er musste für Hypotheken und Steuern aufkommen. Darum musste er härter arbeiten und Leute anstellen, die ihm halfen. Er musste Löhne zahlen, Steuern abziehen und alles andere. Nach zwei Jahren kam das nächste Kind. Er war völlig verstrickt in sein Familienleben. Einige Tage waren gut, andere schlecht. Die Jahre verstrichen, drei Jahre, vier Jahre, fünf Jahre.

Eines Tages gab es einen großen Wirbelsturm in der Stadt. Alles wurde überflutet. Narada sagte: „Was machen wir nur?" Alle Möbel waren ruiniert. Alles, von dem er glaubte, dass es ihm gehörte, wurde nass, total ruiniert. Er nahm seine Familie mit aufs Dach. Es gab eine Wäscheleine auf dem Dach. Alle hängten sich an diese Leine. Der Wirbelsturm wurde immer stärker und stärker und stärker. Seine Schwiegermutter wurde von der Flut mitgerissen. Narada sagte: „Ich glaube, wir brauchten sie sowieso nicht mehr, sie war alt." Aber der Wirbelsturm war immer noch sehr stark und seine Frau und die Kinder hielten sich weiter an der Leine fest. Eins der Kinder wurde mitgerissen, und Narada war verzweifelt. Aber er hielt sich mit seiner Frau fest. Dann wurde das andere Kind fortgerissen. Er war völlig durcheinander, aber er sagte zu sich selbst: „Schließlich habe ich ja noch meine Frau. Wir können noch mehr Kinder bekommen." Dann wurde seine Frau weggerissen und er sagte: „Was ist mit meiner Familie passiert? Sie sind alle weg! Alles wofür ich gearbeitet habe, ist weg! Alles wofür ich gekämpft habe ist weg! Ich werde dem allem ein Ende setzen, Selbstmord begehen." Und er ließ das Seil los.

Im nächsten Moment saß er neben Buddha mit einem Glas Wasser. Er schaute Buddha an und der sagte: „Es war Zeit, dass du mir mein Wasser bringst." (Gelächter). Narada sah ihn an

und sagte: „Jetzt weiß ich, was Maya ist."
Das ist wie bei uns. Wir sind so verstrickt mit der Welt. Wir denken, die Dinge seien real. Alles bringt uns aus der Ruhe. Wir werden ärgerlich. Wir werden ungeduldig. Aber die Wahrheit ist, du bist nicht Maya. Du bist Absolute Realität. Du bist Totales Gewahrsein. Du bist das Selbst. Wisse, wer du bist und wache auf. Wache auf und sei frei! Es ist so einfach. Worte machen es so kompliziert. Tatsache ist, dass du nie geboren wurdest und nie sterben wirst. Es gibt keine Kraft, die dich aufrechterhält. Du existierst nicht so, wie du erscheinst. Dasselbe gilt für das ganze Universum. Es ist nur eine Spiegelung. Es ist eine optische Täuschung. Wie das Wasser in der Fata Morgana oder die Fata Morgana im Wasser – beides das Gleiche. Das Wasser ist die Fata Morgana und die Fata Morgana ist das Wasser. Eine Erscheinung von Wasser. Aber wenn du versuchst, es anzufassen, greifst du Sand. Alles, was du in dieser Welt anfasst, ist wie Sand. Es scheint so real zu sein. Und dann kommen deine Gefühle dazu und geben dem Ganzen noch mehr Kraft. So wird das Maya stärker und stärker. Bis du in einem Zustand bist, aus dem heraus es viele Inkarnationen braucht, um all die Ängste, alle Frustrationen, Gedanken über die Vergangenheit, Samskaras wieder loszuwerden. Du hast diese Dinge für dich zur Wirklichkeit gemacht, aber sie existieren nicht. Keines dieser Dinge existiert, aber du hast sie real werden lassen. Du hast es dir selbst angetan. Daher scheinst du, wenn du deinen Körper verlässt, durch ein Astralstadium zu gehen und dich auszuruhen. Du triffst längst verlorene Verwandte, die du nie leiden konntest. Und dann gehst du weiter und wieder zurück in einen Körper. Und so wiederholt es sich unendlich. Aber das ist eine Lüge, nur du machst es zur Wahrheit. Es ist deine Wahrheit, weil du daran glaubst und ablehnst, es loszulassen.

Natürlich hast du eine Wahl. Und das ist deine Wahl: Wem soll ich heute folgen, Gott oder Mammon? Mammon zu folgen heißt der Welt zu folgen. Die Welt ist Illusion und versucht, dich zu überlisten. Sie macht dich glauben, dass du dies und jenes tun und hier und dort hingehen sollst. Wenn du Gott folgst, folgst du dir selbst. Du folgst dem Dharma, Swarupa. Du tust dir nicht mehr länger selbst leid. Du fühlst dich nicht mehr schuldig für alle begangenen oder unterlassenen Sünden der Vergangenheit. Dein Verstand wird klar, friedlich, wie ein Spiegel. Und da der Spiegel sich nicht selbst sehen kann, sieht er sein Spiegelbild in der Welt als Friede, Liebe, Harmonie, Freude. Wenn du weiter in dieser Weise an dir arbeitest, kommt irgendwann der Tag, an dem all das verschwunden ist. Du bist verschwunden. Du wirst Nichts. Ein Taugenichts. Du gehst über Nichts hinaus, was unaussprechlich ist. Etwas, das nicht erklärt werden kann. Denn es gibt keine Worte oder Gedanken, die das verstehen könnten. Und doch, du hast es alles in dir. Alles, was du brauchst, ist in dir. Du bist das Eine.

SEI OHNE LEIDENSCHAFT FÜR DIE WELT

Eines der Dinge, an denen du bei dir arbeiten musst, ist Leidenschaft. Du musst alle Begeisterung für die Welt und die Dinge in ihr aufgeben. Du musst Leidenschaftslosigkeit entwickeln. Für einige von euch klingt das sicher schrecklich, keine Leidenschaft mehr für die Dinge der Welt zu haben. Nie mehr leidenschaftlich zu lieben. Was ich damit meine ist, leidenschaftslos gegenüber dem Maya zu sein und total leidenschaftlich für das Selbst. Nimm zum Beispiel an, du bist einem Freund oder Freundin oder Ehemann oder Ehefrau oder Kamel oder Yak, was auch immer dich anzieht, sehr nah. Denke nicht länger, dass du diesem Wesen nahe bist, was auch immer es sein mag. Beginne stattdessen zu verstehen, dass du dein Selbst liebst. Das Kamel wird zu deinem Selbst. Dein Partner, dein Geliebter werden zu deinem Selbst. Es ist dein Selbst, in das du verliebt bist. Nicht das Selbst genannt Robert oder Mary oder Jane oder Joe, sondern das Selbst als Bewusstsein. Du bist total begeistert von deinem Selbst. Wenn du die Bäume, den Himmel, die Welt liebst, denke nicht länger an die Welt des Maya, die Welt der Illusion, sondern an die Ausdehnung des Selbst, der Absoluten Realität, des mühelosen, wahlfreien Reinen Gewahrseins. Es ist dein Selbst, mit dem du Liebe machst. Wenn du denkst, es sei ein anderes menschliches Wesen, dann verdirbst du es. Wenn du denkst, es sei eine Person, ein Ort oder ein Ding, verdirbt es das. Es ist immer das Selbst.

Wenn du beginnst das zu verstehen, bewegst du dich in die richtige Richtung. Wenn du weiterhin Leute als Personen ansiehst, machst du einen schrecklichen Fehler. Das bringt Kummer. Es bringt Enttäuschung, Eifersucht, Angst, Frustration. Wenn du weißt, du bist mit dem Selbst, dann ist Freiheit da. Keine Einschränkungen. Keine Gesetze. Keine Regeln. Keine Vorschriften. Du bist immer mit dem Selbst. Du bist schon immer mit dem Selbst gewesen.

DAS SELBST IST DIE WIRKLICHKEIT DER WELT

Es gibt zwei verschiedene Wege, die Welt zu sehen. Der eine ist Maya, die große Illusion. Damit wollt ihr nichts zu tun haben. Das ist das, was Probleme schafft. Das scheint Feindseligkeiten und Kummer hervorzubringen. Aber dann ist da noch die reale Welt. Die Welt des Selbst. Die Welt der Glückseligkeit. Die Welt totaler Freude, ungetrübten Friedens und Glücks. Das bist du wirklich. Das ist deine wahre Natur, dein Swarupa. Das bist du schon immer gewesen und das wirst du immer sein. Vergiss die Vergangenheit. Sorge dich nicht um die Zukunft. Habe totales Vertrauen in dich, totale Freude an dir. Nur wenn du dich selbst als umfassendes Bewusstsein verstehst, kannst du überhaupt sehen, dass das ganze Universum nur eine Vorstellung deines Verstandes ist. Alles was du siehst, kommt aus dir. Du bist der Erschaffer. Du bist der Gott. Du bist der Avatar, der Atman. All die Götter, von denen du gehört hast, Buddha,

Krishna, Jehova, Allah, sind alle du. Du bist DAS. Du bist nichts anderes als DAS. Du bist immer DAS gewesen. Tat Twam Asi. DAS bist du.

Beschäftige dich nicht mit dieser Welt. Denn der sterbliche Mensch kann die Welt nie verstehen. Sie erscheint sehr verwirrend, chaotisch. Es scheint so viele wunderbare Dinge in dieser Welt zu geben, aber auch soviel Zerstörung und die Unmenschlichkeit der Menschen untereinander. Gemeine Dinge passieren überall, neben all der Schönheit und Freude dieser Welt. Das ist sehr verwirrend für den sterblichen Menschen. Du siehst dich älter und älter werden. All deine materiellen Pläne sind am Straßenrand vorbeigezogen. Auch die großen Dinge, die du vielleicht geschaffen hast, musst du loslassen, wenn es Zeit ist zu gehen. Du fängst an darüber nachzudenken, worum es im Leben überhaupt geht. Wer bin ich? Was bin ich wirklich? Was ist die Quelle von allem?

Doch niemand hat dir diese Dinge je erklärt. So glaubst du, dass das Leben ein Zufall ist, ein Zufall, dass du geboren wurdest. Dann wirst du alt und stirbst. Du hast keine Ahnung, was da vor sich geht. Darum sage ich dir: Kümmere dich nicht um die Welt. Glaube nicht, dass du Frieden in diese Welt bringen musst. Es gibt eine größere Kraft, die den Weg kennt, die für die Welt und das ganze Universum sorgt. Und die braucht keine Hilfe von dir. Die einzige Art, wie du der Welt helfen kannst, ist durch dein Aufwachen, deine Erleuchtung. Wie hilfst du der Welt durch deine Erleuchtung? Wenn du erleuchtet bist, bist du nicht mehr der Körper. Du bist Allumfassendes Bewusstsein, Absolute Realität. Du bist Grenzenloser Raum. Du bist die Bäume, die Berge, die Flüsse, die Tiere, die Insekten, die Vögel. Du bist alles geworden. Du bist das Selbst. Das unvergängliche, unveränderliche Selbst.

Wenn du das nicht sehen kannst, handelst du wie ein unabhängiger Agent. Du denkst, du kannst diese Welt zu einer Besseren machen. Du kämpfst für deine Rechte. Du versuchst die Meinungen der Leute zu beeinflussen, protestierst gegen dies und das. Ich gestehe ein, dass solche Dinge in dieser Welt notwendig sind, aber das ist alles Maya. Maya ist eine herrliche Illusion. Es lässt dich glauben, dass du etwas tun kannst, um die Dinge in der Welt zu verändern. Aber ich kann dir versichern, nichts wird sich je verändern. Es wird sich für eine Weile scheinbar ändern. Dinge werden für eine Weile scheinbar besser sein und scheinbar schlechter. Es wird Katastrophen geben, Zerstörungen. Alle möglichen Dinge werden passieren. Das ist die Natur dieser Welt. Es hat absolut nichts mit dir zu tun. Und doch, gleichzeitig bist du die Welt. Ich widerspreche mir ständig selbst, das ist die Lehre. Totaler Widerspruch. Aber die letztendliche Wirklichkeit ist: Lasse alles gehen. Erkenne dich selbst als Allumfassend, und du wirst totale Glückseligkeit sein, totale Freiheit.

Alles beginnt, eine Projektion von dir zu sein. Und da du zu entdecken anfängst, dass du Reines Bewusstsein bist, fängt die Welt gleichfalls an, Reines Bewusstsein zu werden. Es ist wie ins Kino gehen, die Leinwand ist Reines Bewusstsein, die Bilder sind die Welt. Vor deinem Erwachen hast du dich mit den Bildern identifiziert und hattest keine Ahnung, dass da eine Leinwand ist. Natürlich weißt du es irgendwo in deinem Verstand. Du hast ein vages Bild von der Leinwand, aber du erinnerst dich nicht daran, weil die Bilder so unterhaltsam sind. Du siehst einen Liebesfilm oder einen Kriegsfilm oder diese oder jene Art von Film und du lässt dich total in die Objekte verwickeln. Allerdings, wenn du versuchst, die Objekte auf der Leinwand anzufassen, wirst du nur die Leinwand in der Hand haben. Das ist es, was passiert, wenn du aufwachst. Du erkennst, dass du die Leinwand bist, du bist Bewusstsein. Und du erkennst, dass alles in der Welt, alles, das gesamte Universum mitsamt Gott, eine Erscheinung in dir ist. Es ist nicht die Realität. Es ist eine Überlagerung. Aber du identifizierst dich mit der Leinwand, die eigentlich Bewusstsein ist, und tolerierst die Überlagerung. Doch du weißt, das bist nicht du. Du hast nichts damit zu tun und du identifizierst dich nicht damit.

Auf ähnliche Weise geht der Körper durch alle möglichen Arten von Erfahrungen, gute und schlechte und mittelmäßige, aber du bist dir immer bewusst, dass du nicht der Körper bist und kein Körper für dich existiert. Du weißt, dass in Wirklichkeit keine Überlagerung existiert. Sie scheint zu existieren, tut es aber nicht wirklich. Es ist wie Hypnose. Du wirst hypnotisiert, so dass du glaubst, dir folgt ein weißer Pudel. Und selbstverständlich wirst du, sobald du aus der Hypnose erwachst und zurückschaust, tatsächlich einen weißen Pudel sehen. Dein Verstand wird tatsächlich das Bild eines weißen Pudels herstellen und du glaubst, es sei real. Niemand außer dir wird den Pudel sehen, bis die Hypnose nachlässt.

Auf die gleiche Weise sehen wir Menschen, Orte und Dinge, und sie erscheinen uns so real. Wir identifizieren uns damit und leiden entsprechend. Aber durch das Praktizieren jeden Morgen, wenn du dich zwischen dem Aufwachen und dem Entstehen der Gedanken ertappst, wirst du langsam aber sicher dich selbst zu erkennen beginnen. Und der Tag wird kommen, an dem du aufwachst. Egal wie lange es dauert. Kümmere dich nicht um Zeit. Schau, wie lange es gedauert hat, bis du dort bist wo du jetzt bist. Sei du selbst. Identifiziere dich mit deiner Realität. Versuche ab und zu du selbst zu sein.

WAS IST DIE URSACHE DER WELT?

Warum scheint es, als ob du einen Körper hast, wenn es nicht so ist? Warum scheint es, als ob du diese Spiele spielst, wenn es nicht stimmt? Die Antwort ist, du spielst keine Spiele. Da ist niemand, der irgendetwas tut. Das ist für die meisten Menschen sehr schwer zu begreifen. Absolut nichts geschieht. Aber ich bewege mich, ich schwimme, ich spiele Golf, ich gehe zur Arbeit, ich schaue Fernsehen, ich tue alle diese Dinge. Diese Dinge scheinen zu geschehen. Du musst dich an die Frage erinnern. Wem passiert das? Wer erfährt das? Und natürlich erinnern wir

uns, dass es das Ego ist, welches all dies erlebt. Dann erinnerst
du dich wieder, dass du gar kein Ego hast. Es gibt kein Ego. Das
Ego hat nie existiert. Und wenn doch, wo kam es her? Wer war
sein Schöpfer? Woran auch immer du glaubst, es muss einen
Schöpfer geben, der es geschaffen hat. Wenn du glaubst, dass
du ein Mensch bist, hat dich etwas geschaffen. Du sagst, deine
Eltern haben dich erschaffen und gehst in der Zeit zurück zu
ihrer Erschaffung und so weiter. Du gehst zurück bis zum Anfang. Alles, woran du glaubst, muss eine Ursache haben. Sogar
wenn ich dir sage, es gibt keine Ursache. Darum kann es auch
keine Wirkung geben. Du denkst, ich bin verrückt, und ich bin
es auch. Wer will normal sein? Normal sein bedeutet, sich an
die Gesellschaft und die Geschehnisse der Welt anzupassen. Ihr
denkt ähnlich. Ich kann euch versichern, nichts existiert. Und
ich kann euch auch versichern, das Nichts, an das ihr denkt,
existiert ebenfalls nicht. Sobald ihr über Nichts nachdenkt,
verderbt ihr es. Weil es dann zu einem Etwas wird.

Sei dir bewusst, dass die Welt egolos ist. Die Welt ist ohne
Ursache, wo ist also die Wirkung? Ohne Ursache keine Wirkung. Wie könnte die Welt eine Ursache haben? Wo könnte
sie herkommen? Wenn du träumst, kannst du sagen, dass der
Traum eine Ursache hat. Du bist die Ursache, weil du träumst.
Aber kannst du das sagen, während du träumst? Während du
träumst und im Traum bist, glaubst du, dass die Welt eine Ursache hat, so wie jeder andere auch. Und im Traum wirst du in
alltägliche Aktivitäten verwickelt. Du machst gute und
schlechte Erfahrungen. Und dann komme ich daher und sage
dir, dass du träumst, aber du glaubst mir nicht. Du sagst: „Ich
werde dir zeigen, ob ich träume, Robert." Und du kneifst mich.
Ich sage: „Au." Und du sagst: „Siehst du, ist das ein Traum?"
Und ich versuche dir zu erklären, dass es ein Traumkniff ist, aber
du glaubst mir nicht. Du denkst, es sei wirklich. Dann gehst du
auf die Straße. Und du spazierst die Straße entlang und ein
Auto fährt dich an und du blutest überall. Ich komme zu dir
gelaufen und sage dir: „Du träumst, rege dich nicht zu sehr auf.

Es ist okay." Du fängst an, mich zu verwünschen und die Faust gegen mich zu richten. „Wie kannst du das sagen? Schau her, ich blute überall." Dann passiert etwas Lustiges. Du wachst auf. Wo ging der Traum hin? Wo ist all das Blut geblieben? Wo ist das Auto geblieben, das dich angefahren hat?

Denkt an die persönlichen Erlebnisse, die euch zur Zeit verärgern. Denkt an die Probleme, die ihr zu haben glaubt, jetzt, während ich zu euch spreche. Einige von euch denken über Probleme nach und glauben, sie seien real. Ihr denkt daran, wen ihr mögt oder nicht mögt, was ihr heute Abend essen werdet. Alle diese Gedanken kommen zu euch, weil ihr euch nicht darin trainiert habt, mit euren Gedanken umzugehen. Und ihr habt vorgefasste Meinungen. Ihr habt Konzepte.

Ein Beispiel: Ihr kommt und schaut mich an. Ihr seht mich nicht frisch und neu wie ihr euch selbst seht. Ihr vergleicht mich mit Krishnamurti oder Bhagavan Ramana Maharshi oder Nisargadatta oder dem Müllmann oder dem Hauswart oder mit wem auch immer ihr mich vergleichen wollt. Genau davon spreche ich. Euer Verstand ist voll mit vorgefassten Ideen. Ich bin wirklich niemand. Ich bin nichts Besonderes. Was ihr in mir seht, ist nicht real. Ihr seht eure eigenen Projektionen. In anderen Worten, ihr seht euch selbst. Und wenn ihr euch nicht entwickelt habt und zu Reinem Bewusstsein aufgewacht seid, dann seht ihr etwas Weltliches. Und ihr zieht Vergleiche. Ihr sagt, ich mag, ich mag nicht, dies ist gut, das ist schlecht und so weiter. Ihr müsst euren Verstand unter Kontrolle bringen. Ihr müsst erkennen, dass euer Verstand und Körper nicht eure Freunde sind. Sie füttern euch mit falschen Informationen. Die scheinen für eine Weile zu stimmen, aber dann wird es wieder falsch. Hört nicht auf euren Verstand. Stoppt eure Gedanken noch bevor sie bis zur Nasenspitze gelangen. Das ist alles, was ich zu sagen habe.

SELBST – BEFRAGUNG

(ATMA VICHARA)

Bedenke, wie viele Jahre du durchs Leben gehen wirst
in dem Glauben, du seist ein Körper, ein Verstand, ein Ego.
Denke an die Situationen, durch die du gegangen bist.
Die Qualen, die Ekstasen, die Dualitäten.

Du beginnst jetzt zu sehen, dass all diese Dinge zum
Ich-Gedanken gehören, zum persönlichen Selbst,
welches nicht wirklich du ist.
Du bist totale Freiheit, hast absolut nichts zu tun mit dem
persönlichen Selbst.
Du brauchst dich einfach nur zu fragen: „Wer ist dieses
persönliche Selbst? Wo kam es her? Wie ist es entstanden?
Wie hat es mich gepackt und mich glauben gemacht, dass ich
menschlich bin?
Mir das Gefühl gegeben, geboren zu sein?
Und dass ich sterben muss?
Was ist dieses persönliche Selbst? Wo kam es her?"

Und während du dem persönlichen Selbst,
dem Ich-Gedanken, folgst,
wirst du allmählich sehen, dass es nie existiert hat.
Es ist nie geboren worden.
Es ist absolutes Nichts.
Und du wirst strahlend glücklich werden,
voller Liebe,
voller Frieden.

FOLGE DEM ICH ZUR QUELLE

Während du versuchst, diese Dinge zu verstehen, darüber nachzudenken, worüber ich spreche, schaust du nach einem Weg,
alles aus deinem Verstand zu entfernen, den Verstand zu leeren.
Du beginnst zu fragen: Zu wem kommen all diese Gedanken?
Zu wem kommt das Gefühl der Menschlichkeit? Zu wem kommt
das Universum? Zu wem kommt das Ego? Und du lächelst in
dich hinein. Du bleibst still.

Du wirst schnell erkennen, dass alles zu dir kommt. Es
kommt zu dir. Ich denke diese Dinge. Ich glaube dies und das.
Ich bin verletzt. Ich fühle so oder so. Eine neue Offenbarung
geschieht: „Ich". Du beginnst zu sehen, dass der Ich-Gedanke
der Übeltäter ist. In dem Moment, wo du morgens aus dem Bett
steigst, beginnst du mit dem Ich, und es hört nicht auf, bis du
einschläfst. Daher erlebst du Frieden nur im Tiefschlaf. Wenn
du im Tiefschlaf bist, kehrt das Ich zum Herzen, seiner Quelle
zurück. Dort passiert nichts. Gar nichts. In dieser Zeit bist du
unbewusst erleuchtet.

Wenn du morgens aufwachst und zu dir selbst sagst: „Ich
habe gut geschlafen," dann sprichst du über das Ich. Das Ich
hat gut geschlafen. In Wirklichkeit meinst du damit, dass das
Ich sich nicht in dein Leben eingemischt hat. Aber sobald du
anfängst zu denken, sagst du: „Ich komme zu spät zur Arbeit.
Ich muss den Bus erreichen. Ich habe Kopfschmerzen. Ich muss
frühstücken." Und du machst immer weiter mit diesem Ich, es
hört nie auf. Den ganzen Tag lang Ich, Ich, Ich, Ich. Denke darüber nach. Sage ich nicht die Wahrheit? Du denkst ständig: „Ich
dies" und „Ich das." Bis es Abend wird und du schlafen gehst.
Und wieder sinkt das Ich zurück in die Quelle, ins Herz, und
du bist in Frieden. Bis du aufwachst und alles wieder von vorne anfängt. Nach einer Million Jahren kommst du an den Punkt,
wo du dich fragst: „Wer bin ich? Was ist dieses Ich? Wie ist es
entstanden? Wo kam es her?" Das ist der Anfang der Weisheit,
wenn du nach der Quelle des Ich forschst. Du beginnst endlich,

das Ich zu seiner Quelle zu verfolgen. Schließlich ist es, wenn das Ich in seiner Quelle ruht, als wärst du im Tiefschlaf, außer dass du dabei bewusst bist. Denke einen Moment darüber nach. Im Tiefschlaf hast du kein Ich, weil es zu seiner Quelle zurückgekehrt ist. Du bist total glücklich, aber du bist dir dessen nicht bewusst. Wenn du das erreichst, was wir Selbst-Verwirklichung nennen, dann ist das Ich zu seiner Quelle zurückgekehrt, während du wach bist. Es ist niemand mehr übrig zu denken, niemand mehr, der sich Sorgen macht oder beunruhigt oder unglücklich ist. Du bist mit dem Unendlichen, mit dem Allumfassenden Brahman verschmolzen. Wenn du das verstehst und übst, wirst du der glücklichste Mensch auf der Welt sein. Denn auf der Suche nach der Quelle des Ich wirst du dich von Tag zu Tag glücklicher und glücklicher fühlen. Die alten Gedanken schmelzen dahin. Das alte Ich löst sich auf. Du wirst frei.

Du wirst zu dem, womit du dich identifizierst. Deshalb höre auf, dich mit weltlichen Dingen zu identifizieren. Identifiziere dich mit dir selbst. Nun, wie macht man das? Es beginnt am Morgen, wie ich schon gesagt habe. Das ist die Zeit, in der dein Verstand frei war. Während du geschlafen hast, warst du in einem Anflug von Frieden. Im Tiefschlaf zu sein ist eine unbewusste Methode der Selbst-Verwirklichung. Du bist verwirklicht, wenn du schläfst, aber du bist dir dessen nicht bewusst. Du solltest im Schlaf bewusst sein. Wenn du im Schlaf bewusst bist, bist du erwacht. Du bist zum Selbst erwacht, zur Realität von dem was ist, zu ICH BIN.

Wenn du morgens aufwachst, noch bevor die Gedanken auftauchen, identifiziere dich mit dem Selbst. Nun, wie macht man das? Sage einfach zu dir selbst: „Ich, Ich." Das ist alles, was du zu tun hast. „Ich, Ich." Das machst du, bevor die Gedanken kommen. Möglicherweise gelingt dir das am Anfang nur für ein paar Sekunden, aber das reicht. Schon diese paar Sekunden werden deinen Tag erfüllen und du wirst dich zufrieden fühlen. Nach einer Weile, ich habe das schon früher erklärt, wird sich der Raum ausdehnen und du wirst immer länger im Ich, Ich, Ich, Ich verweilen können.

Wenn dann Gedanken aufkommen, fragst du: „Zu wem kommen diese Gedanken? Sie kommen zu mir." Und du bleibst mit dem „mir". Lasse es nicht los, aber konzentriere dich nicht darauf. Bleibe einfach mit dem „mir". Du konzentrierst dich auf die Quelle des Ich. Es ist als ob du an einem Seil festhältst, und dann gehst du zu seinem Ursprung und lässt los. Loslassen ist die Quelle. Totales Gewahrsein, Absolute Realität, ICH BIN DAS ICH BIN. Versuche nicht, das zu analysieren, sondern erlaube ihm, zu sein.

Erinnere dich: Der begrenzte Verstand kann das Unendliche nicht begreifen. Darum ist es so wichtig, immer zu sehen, wo du herkommst. Worin warst du zum Beispiel heute verwi-ckelt? Schaue wieder zurück zum Morgen. Was hast du als Erstes getan, nachdem du deine Augen geöffnet hattest? Du hättest dir bewusst sein sollen, dass der Ich-Gedanke vom Herzzentrum zum Gehirn gereist ist. Nun bist du wach und fühlst den Körper und die Welt. Weiter solltest du nicht gehen. Jetzt solltest du versuchen, an dir selbst zu arbeiten, indem du den Ich-Gedanken vom Gehirn zurückschickst zum spirituellen Zentrum, dem spirituellen Herzen. Das solltest du sofort versuchen. Mit anderen Worten, du solltest das Spiel des Ich-Gedankens, der dir Dinge über deinen Körper und über die Welt erzählen will, nicht weiter fortsetzen. Und du solltest nicht den Fernseher einschalten und die Weltnachrichten anschauen, denn das zieht dich nur weiter in die Illusion.

Stattdessen solltest du gleich fragen: „Was geschah mit dem Ich? Wo ist das Ich? Offensichtlich muss es im Kopf sein, denn ich bin mir meines Körpers und der Welt bewusst und identifiziere mich damit." Das ist die Art, wie du mit dir selbst reden sollst. Du fragst dich: „Aber wie kam der Ich-Gedanke in mein Gehirn?", und du hältst inne. Wenn du anfängst darüber nachzudenken, verweilst du im Ich, und wenn du wirklich im Ich verweilst, fängt der Ich-Gedanke an, rückwärts zu reisen. Er verlässt deinen Kopf und reist rückwärts zum Herzen. Aber du musst dich dabei ertappen. Das ist das Erste, was du tun solltest, wenn du aufwachst.

Ich weiß, die meisten von euch vergessen das. Ihr solltet einen Anhaltspunkt haben, der euch sagt: „Es ist Zeit für mich, im Ich zu verweilen. Ich werde dem Ich nicht erlauben, alle diese Gedanken in meinen Kopf zu bringen." Vergiss deine Arbeit in diesem Moment. Vergiss das Anziehen. Vergiss die Zeit.

Und du wirst erkennen: Der Grund dafür, dass du an deinen Körper oder an irgendetwas anderes denkst, ist der, dass der Ich-Gedanke in dein Gehirn gewandert ist und jetzt den Körper und den Verstand erschafft. Du wirst sehen, dass der Verstand nichts anderes als ein Bündel von Gedanken ist. Gäbe es keine Gedanken, gäbe es auch keinen Verstand. Kannst du sehen, was du machst? Wenn du anfängst, so zu denken, wird der Ich-Gedanke von allein zu seiner Quelle zurückkehren. Mit anderen Worten, du musst den Ich-Gedanken nicht wirklich zurück zum Selbst oder zum Herzzentrum schicken. Du musst nur erforschen, was der Ich-Gedanke wirklich ist. Dann wirst du entdecken, dass er tatsächlich nur dein Gedanke ist. Wenn der Ich-Gedanke wirklich nicht existiert, dann existieren auch der Körper und die Welt nicht. Nur indem du über diese Dinge nachdenkst, wirst du dich friedvoll und glücklich fühlen.

Ich weiß, ihr sagt: „Ich habe gar nicht die Zeit, das jeden Morgen zu tun. Ich komme zu spät zur Arbeit. Ich muss mich anziehen. Ich muss frühstücken." Aber ich sage euch noch einmal, das ist nicht wie beim Yoga oder der Meditation, wo ihr euch Zeit nehmen müsst und erst dann euren Geschäften nachgeht. Das ist die überlegene Methode der Selbst-Befragung. Und wenn ihr anfangt, diese Methode der Selbst-Befragung zu üben, werdet ihr schon merken, wenn es Zeit ist sich anzuziehen, zu frühstücken und zur Arbeit zu gehen. Dann wird euer Körper das in Rekordzeit erledigen. Ihr werdet über diese Dinge nicht einmal mehr nachdenken. Und dennoch wird euer Körper duschen, tun was er zu tun hat und aus dem Haus gehen, und ihr werdet euch großartig fühlen. Das ist der Unterschied zwischen

Selbst-Befragung und Meditation. Ihr meditiert über nichts. Ihr erforscht lediglich euren Ich-Gedanken. Und jeder Schritt wird von alleine kommen. Ihr braucht nicht mehr darüber nachzudenken, was ihr als Nächstes sagen werdet. Wenn ihr zum Beispiel in dieser Weise an euch selbst arbeitet und Gedanken zu euch kommen, wird etwas in euch sofort sagen: „Zu wem kommen diese Gedanken?" Ihr plant das nicht. Ihr habt nicht geprobt. Und nebenbei bemerkt: Probt nie. Plant nicht. Wenn es nicht spontan geschieht, wird es nicht wirken. Erinnert euch daran. Selbst-Befragung sollte spontan sein, keine Anstrengung, nicht etwas, das ihr plant.

WAS IST DER ICH-GEDANKE?

Du fängst einfach an, dich zu beobachten. Du öffnest die Augen, sobald du aufwachst. Du beginnst zu erkennen, dass du, kurz bevor du aufgewacht bist, in einem Zustand von totalem Frieden warst, ohne Gedanken. Du warst in einem mühelosen, gedankenlosen Zustand. Aber jetzt hast du dem Ich-Gedanken erlaubt, in dein Gehirn zu gelangen und du denkst an deinen Körper und an die Welt. So taucht der Gedanke auf, wie komme ich wieder zurück zu dem mühelosen, gedankenlosen Zustand? Durch Verweilen im Ich. Wo kam das Ich her? Wer bin ich? Sicher muss das Ich eine Quelle haben. Diese Quelle muss ein machtvolles Ding in sich selbst sein, was immer es ist. Ich vermute, du erkennst nicht, dass die Quelle das Selbst ist. Aber durch die Idee, dass der Ich-Gedanke von dort herkam, muss es etwas Machtvolles sein. Warum kam dann der Ich-Gedanke von dort? Was ist der Ich-Gedanke? Ich nenne es weiter den Ich-Gedanken. Es ist aber nur ein Gedanke. Es gibt kein Ich.

Das gibt euch einen Anhaltspunkt, es wird euch glücklich machen. Denn ihr werdet erkennen, dass es nichts zu kämpfen gibt. Tatsächlich werden einige Leute einfach nur still und sagen gar nichts mehr. Mit anderen Worten, wenn ihr erkennt, dass das

Ich ein Gedanke ist, werdet ihr still, und das Ich wird sofort verschwinden. Es wird keine Gedanken mehr geben. Ihr werdet
euch wunderbar fühlen. Dann könnt ihr euch anziehen und zur
Arbeit gehen, aber der Schwung aus dem, was ihr am Morgen
getan habt, wird euch über den Tag erhalten bleiben. Ihr werdet
mit der Welt beschäftigt sein und werdet doch Zeit haben, an
eurer Selbst zu denken. Ihr werdet im Ich verweilen. Es wird alles
von allein geschehen und ihr werdet herausfinden, dass ihr in
der Arbeit ohne zu denken immer die richtigen Entscheidungen
trefft. Dinge stören euch nicht mehr. Ihr seid in Frieden mit der
Welt. Ihr seid glücklich. Ihr habt nicht den Wunsch, anderen
davon zu erzählen. Die Leute müssen sich am eigenen Schopf
emporziehen, sie müssen bereit sein, reif dafür sein, Selbst-Befragung praktizieren zu können. Und diese Vorbereitung hat
gewöhnlich in einem früheren Leben stattgefunden.

Darum werdet ihr wissen, dass es Zeitverschwendung ist,
Bücher zu schreiben, im Fernsehen aufzutreten, die Lehre aus-
zuweiten, irgendetwas zu tun. Ihr lebt einfach auf wunderbare
Weise euer Leben. Alles geschieht von selbst, und ihr erkennt,
dass euer Bewusstsein immer weiter wird. Durch das Denken
an euch selbst hat es angefangen. Jetzt dehnt es sich aus und
nimmt die Welt in sich auf, das Universum. Und dann beginnt
ihr, alles im Universum als Bild auf der Leinwand zu sehen, und
ihr seid die Leinwand. Ihr werdet euch nie wieder Sorgen machen. Ihr werdet nie wieder vor irgendetwas Angst haben. Ihr
versteht die Ganzheit von allem, und da gibt es keine Fehler.
Alles ist gut. Nichts ist falsch.

Aber ihr müsst diese Dinge täglich tun, besonders morgens,
bevor ihr die Augen öffnet. Das ist die Zeit, um wirklich an euch
zu arbeiten. Wenn ihr damit wartet, wird das Maya zu stark und
packt euch und bringt euch dazu, euch mit dem Leela und dem
Spiel des Lebens zu verwickeln. Aber wenn ihr jeden Morgen
an euch selbst arbeitet, wird der Körper sich um sich selbst kümmern, der Verstand wird ausgeschaltet, das Ego entwickelt sich
zu Bescheidenheit, und ihr werdet glücklich. Es gibt nichts, was

ihr tun müsst, und noch einmal: Euer Körper wird das tun, wozu er hergekommen ist. Aber ihr habt damit nichts zu tun. Ihr seid im Frieden.

Ein reifer Anwärter auf Jnana wird immer mit dem Ich arbeiten. Damit fängt es an. Findet die Quelle des Ich. Wo kam mein Ich her? Beobachtet es. Passt auf, wenn ihr morgens aufwacht. Zuerst fühlt ihr euch so friedvoll, aber sobald ihr „Ich" denkt, stürzen sich alle die Probleme, die Schwierigkeiten, die Welt auf euch. Fangt an, euch selber dabei zu ertappen, das Ich zu greifen: „Wo kam es her? Wo kam es gerade her? Eben war ich noch im Frieden. Eben war noch alles in Ordnung, aber jetzt sorge ich mich, fühle mich unwohl, denke über meinen Job nach, meine Zukunft, meine Finanzen, meine Gesundheit. Wo kam das Ich her, das über all das nachdenkt?" Verfolgt das Ich zurück zum Herzen, welches seine Quelle ist.

Zuweilen fragen mich Leute, wonach sie im Herzen suchen sollen. Nun erinnere dich, das Herz, über das wir sprechen, ist auf der rechten Seite des Brustkorbes, zwei Finger neben dem Zentrum. Das ist dein spirituelles Herz. Das ist die Quelle. Da kommt das Ich her. Folge dem Ich also nicht äußerlich, folge ihm im Inneren. Siehst du den Unterschied? Jage das Ich nicht, während es über die Welt nachdenkt. Wir drehen den Vorgang um. Folge dem Ich zurück zur Quelle.

Du wirst diese Quelle als strahlendes Licht sehen, tausendmal strahlender als die Sonne. Du kannst dir dieses Ich vorstellen, wie es zurückkehrt in das Licht, wie es mit ihm verschmilzt. Oder wenn Bhakti, Hingabe dein Weg ist, kannst du an deinen bevorzugten Heiligen oder Weisen denken und das Herzzentrum als diesen Weisen fühlen. Und das Ich kehrt in den Weisen oder das Licht zurück. Der Weise absorbiert dein Ich. Ich versichere dir, selbst wenn du das nur ab und zu praktiziert, wirst du erstaunliche Resultate zu verzeichnen haben. Aber aus irgendwelchen Gründen müssen die meisten Leute jahrelang auf dem spirituellen Weg sein und eine Form von Yoga praktizieren, ehe sie an den Punkt kommen, von dem aus sie das Ich zur Quelle zurückverfolgen können. Und doch gibt es auch Leute, die keinerlei Erfahrung haben und trotzdem in der Lage sind zu sehen, dass das Selbst die Quelle ihres Ich ist. Und sie sind in diesem Moment frei.

Die Welt ist mit dem Ich verbunden

Das Geheimnis besteht darin, dem Ich nicht zu erlauben, dich zu kontrollieren. Wie übernimmt das Ich die Kontrolle? Du erlaubst ihm, sich mit weltlichen Dingen zu identifizieren, indem du darüber nachdenkst. Zum Beispiel stehst du am Morgen auf und denkst darüber nach, dass du Wasser sparen musst. Du musst deine Miete zahlen, neue Kleidung kaufen. Und eine Million anderer Dinge über Ich, Ich, Ich. Aber wenn du dich immer wieder erinnerst, dass alle weltlichen Dinge an das Ich gebunden sind, wirst du dich nach innen kehren. Und das Ich geht zurück zur Quelle.

Wenn du das jeden Morgen wiederholst – entweder das Ich beobachtest oder dich fragst, zu wem die Gedanken kommen – wirst du eine subtile Veränderung in deinem Leben feststellen. Als erstes wirst du bemerken, dass du einen Anflug von Frieden entwickelst, den du vorher nicht kanntest. Du wirst durch nichts mehr gestört und dich über dich selbst wundern. Du wirst bemerken, dass Dinge, die dich früher geärgert haben, diese Macht nicht länger über dich haben. Du wirst bemerken, dass Dinge, vor denen du bisher Angst hattest, wie Depression, Rezession, Gedächtnisschwund oder dass die Frau mit dem Milchmann davonläuft, dich nicht länger stören. Du wirst dich einfach gut fühlen, dich rundum gut fühlen. Und das wird reine Glückseligkeit werden. Du bist ohne jeden Grund glücklich. Kannst du dir vorstellen, wie es sich anfühlt, so einfach andauernd und ohne jeden Grund glücklich zu sein? Es hat absolut nichts mit der Welt zu tun. Es heißt nicht, dass du herumgehst und die ganze Zeit hysterisch lachst. Du bist einfach glücklich.

Du hörst vom Krieg im Irak – und du bist glücklich. Kein Krieg im Irak – und du bist glücklich. Du arbeitest – und du bist glücklich. Du arbeitest nicht – und du bist glücklich. Du hast Besitz – und du bist glücklich. Du besitzt nichts – und du bist glücklich. Mit anderen Worten, es ist egal, was die Welt dir zu geben scheint. Du identifizierst dich nicht mehr mit der Welt und ihren Objekten. Du siehst die Welt als dich selbst oder zumindest fängst du damit an, langsam aber sicher.

Sobald das Ich zu seiner Quelle zurückkehrt, auch wenn es zunächst nur für einige Momente geschieht, wirst du überglücklich. Du erlebst Frieden und Harmonie. Du fühlst es sofort. Anfangs mag es nicht lange andauern. Aber zumindest hattest du es für einige Momente und konntest die Wahrheit dessen, was ich sage, erkennen. Einige von euch haben mir erzählt, dass es ihnen für einige Momente gelang, und ihr habt eine solche Freude und Frieden und Glückseligkeit gefühlt wie nie zuvor. Ihr beginnt, Euer Selbst zu fühlen, Euer wahres Selbst. Wenn ihr das weiterhin jeden Tag macht, besonders morgens beim Aufwachen, werden diese Perioden immer länger anhalten. Sie werden sich ausdehnen. Und ihr werdet in der Lage sein, in jenem Raum zu verweilen, der die vierte Bewusstseinsebene (Turiya) genannt wird, der Raum zwischen Schlafen und Wachen. Ihr werdet längere Zeit darin verweilen können und ihr werdet fühlen, wovon ich spreche. Und doch gibt es da einige unter euch, die keinerlei Praktiken anwenden. Wenn du ein Bhakti bist, brauchst du das tatsächlich auch nicht. Du brauchst dich nur hinzugeben, total hinzugeben, das kommt auf das Gleiche heraus. Aber wenn du ein angehender Jnani bist und endlich Nägel mit Köpfen machen möchtest, dann packe dein Ich, folge ihm zur Quelle und sei vollkommen und total frei.

Verweile im Ich

Es funktioniert nicht unbedingt mit Anstrengung und Absicht. Es ist mehr eine Sache des Loslassens als der Anstrengung, die uns ja nur bis zu einem bestimmten Punkt bringen kann.
Das stimmt.

Manchmal ist es gerade diese intensive Anstrengung bevor man loslässt, die einen erkennen lässt, wie einfach es ist.
Ihr wundert euch, warum ihr euch überhaupt angestrengt habt.

Ich glaube, das hat einen triftigen Grund. Es baut eine solche Intensität auf, dass man aufwachen kann, und dann wenn man aufwacht erkennt, wie einfach es ist.
Aber erinnere dich, für wen diese Anstrengung geschieht. Es ist das Ego, welches Anstrengung benutzt. Es ist wesentlich besser, das Ego zu beobachten als ihm zu widerstehen. Beobachte das Ego mühelos. Beobachte dich einfach, wie du auf Gegebenheiten reagierst. Und achte darauf, wie sehr du auf diese äußeren Gegebenheiten reagierst, die dich berühren. Reagierst du noch so wie immer? Du bemerkst, wie ruhig dein Verstand ist, dass er sich nicht mehr so stark bewegt. Es zieht ihn nicht mehr so nach außen. Er bleibt ruhig. Alles passiert um dich herum, aber nicht dir. Noch einmal: Werde zum Beobachter all der Dinge, die im Leben so passieren. Beobachte, aber reagiere nicht.

Ist es das, was du mit „im Ich verweilen" meinst?
Nicht wirklich. Im Ich verweilen heißt am Ich festhalten durch Nachfragen: „Zu wem kommt das? Es kommt zu mir. Ich fühle es. Und wer bin ich dann?" Das ist Verweilen im Ich.

Wenn man fragt: Wer bin ich – kommt dann die Stille?
Die Stille kommt nicht, weil die Stille bereits ist.

Das Bewusstsein von Stille taucht auf.
Du wirst einfach still, wenn du fragst: „Wer bin ich?"

Im Ich verweilen, ist das die Stille, in der du verweilst?
Du verweilst im Ich, indem du fragst: „Wer bin ich?" Am Ich festhalten ist im Ich verweilen.

Ich weiß immer noch nicht, was du meinst mit am-Ich-festhalten.
Du wirst dir des Ich bewusst durch die Frage: „Wer bin ich?" Immer und immer wieder: „Wer ist dieses Ich? Wo kommt es her? Wer bin ich? Wer bin ich?"

Das hört sich eher an wie Befragung des Ich, anstatt im-Ich-leben.
Das ist das Gleiche. Das heißt im-Ich-verweilen, das ist der einzige Weg.

Ich folge also dem Ich, und es geht irgendwohin und es sieht so aus, als ginge es ins Herz. Und sobald es dorthin gegangen ist, löst es alles auf, woran es gebunden war. Als ich damit arbeitete, löste es sich auf, alles löste sich dort auf, und da dachte ich, dass ich im Ich verweile. An diesem Punkt bin ich ihm gefolgt, und es brauchte Zeit. Aber es schien, als wenn es ins Herz ging, und dann löste sich dort alles auf und ich dachte, ich verweile im Ich. Bedeutet das das Verweilen im Selbst? Gibt es da einen Unterschied?
Wie hast du im Ich verweilt? Wie bist du ihm gefolgt?

Ich fragte: „Zu wem kommt das? Zu mir. Zum Ich." Und ich packte das Ich und folgte ihm, und da gab es etwas zu verfolgen. Wenn ich das jetzt mache, dann gibt es nichts, dem ich folgen könnte. Aber damals...
Was war das, dem du gefolgt bist?

Wo ist die Quelle vom Ich? Es war nichts, es war so ähnlich wie ihm folgen, es hatte nichts mit irgendetwas zu tun.
Das ist richtig. Du folgst nicht wirklich dem Ich. Du stellst die Frage: „Zu wem kommt das? Zum Ich."

Und schnell folgt man ihm in einen Raum, wo sich am Ende alles auflöst.
Das passiert von allein.

Ja, aber für mich war es so etwas wie folgen, obwohl dieses ihm folgen durch nichts nachweisbar war.

ES GIBT NUR EIN ICH

Was ist der Unterschied zwischen im Ich verweilen und im Selbst verweilen?
Wenn du im Ich verweilst, verweilst du im Ego. Das Ich ist tatsächlich das Ego, das kleine Ich. Es wird irgendwann zum Selbst. Wenn du also im Ich verweilst, verweilst du im Selbst, denn es gibt nur ein Ich. Dieses kleine Ich wird zum Selbst. Schließlich existiert nur das Selbst, aber zunächst erscheint es wie das Ich. Wenn du einfach weiter fragst: „Wer bin ich?", wird es zum Selbst, zum ICH BIN.

Somit ist es ziemlich klar.
So klar wie Schlamm (Gelächter).

Also Robert, so sind alle Fragen und alle Antworten auch Teil von Maya. Maya kann verstandesmäßig nicht aufgelöst werden.
Stimmt.

Das einzig Richtige ist also zu üben, die Lehre des Lehrers zu befolgen. Die Methode, die er empfiehlt. Fragen, Antworten, Diskussionen sind nicht angesagt.

Du hast recht. Maya kann verstandesmäßig nicht aufgelöst werden, weil es nie existiert hat. Es existiert nicht. Es gibt kein Maya. Sobald du das erkennst, erwachst du zu deinem wahren Selbst.

Also all die Anweisungen, die Fragen, die Antworten, ist all das auch Teil des Maya?
Es ist alles Zeitverschwendung. Aber ihr müsst ja irgendetwas tun (Gelächter).

Ja, das meine ich. Die Lehre des Lehrers als Übung zu befolgen, zu üben.
Wenn du das machst, wird alles in Ordnung sein. Aber die Lehre ist nur dazu da, dir zu zeigen, dass es keine Lehren gibt. Du wachst einfach auf. Und du weißt, du warst schon immer wach. Es gab nie eine Zeit, in der du es nicht warst. Nichts davon existiert. Wenn dein Verstand ruhig ist, bist du gerettet. Aber wenn dein Verstand pausenlos denkt und denkt und denkt, nach neuen Methoden sucht, nach neuen Lehrern, neuen Büchern, neuem dies und neuem jenes, dann hast du ein Problem. Sei still und wisse ICH BIN GOTT.

Ich hätte das anders ausgedrückt, Robert: Ich suche mit Hilfe dessen, das ich suche.
Wonach du suchst, damit suchst du?

Ja.
Klar, wenn du es so sagen willst, ist es gut.

Robert, du sagst, alles was wir tun müssen ist, ruhig zu sein, still zu sein. Aber es scheint, um diese Stille, diese Ruhe zu finden, gibt es erstmal einen Kampf mit dem Verstand.
Für wen? Für wen erscheint das so?

Also, man praktiziert Selbst-Befragung und ist einen Moment lang ruhig, und dann meldet sich der Verstand wieder zurück.

Dann praktiziert man wieder Selbst-Befragung, wird wieder ruhig und der Verstand ist wieder da.

Okay.

Nun, das ist der Kampf.

Das ist doch kein Kampf, wenn du fragst: „Für wen kommt das?"

Nun, das ist die Waffe (Gelächter).

Dann benutze die Waffe, um den Kampf zu gewinnen.

Das ist der Punkt für mich, es ist ein Kampf. Nicht so sehr dieses „sei einfach ruhig". Einerseits braucht es diese Anstrengung, es braucht...

Ich weiß, was du meinst. Aber solange du dich selber in einen Kampf hineinredest, wirst du einen Kampf erleben.

Mir scheint eher, sobald man den Kampf ignoriert, steckt man mittendrin. Somit ist der Kampf unausweichlich, man kann nur das Schlachtfeld auswählen.

Ganz im Gegenteil. Wenn du gleichgültig wirst und nur beobachtest, wird dein Verstand schließlich von alleine langsamer werden. Verwickle dich nicht. Beobachte. Sei still. Und es wird keinen Kampf geben.

Ist es nicht Teil der Illusion, dass man Ruhe oder Stille erreichen wird?

Ruhe und Stille sind deine wahre Natur.

Ja, aber ist es nicht...

Ruhe und Stille...

Ich meine, ich verstehe, was du sagst und ich stimme dir zu, aber das hat immer noch nichts mit Ruhe und Stille zu tun.
Das ist, weil du gerade Lärm machst (Gelächter). Du weigerst dich, still zu sein.

Das ist wahr und das fühle ich bei dir auch, Robert.
Ich spreche nicht wirklich.

Nun, wenn man zum Zeugen wird und der Verstand ruhig wird, das ist sehr verständlich. Aber wenn man Vichara macht, das ist doch wie eine Anstrengung.
Vichara wird gemacht, um den Verstand zu beruhigen. Wenn du es als Anstrengung betrachtest, wird es auch zur Anstrengung. Versuche keine Gedanken dafür oder dagegen zu haben. Tue es einfach auf friedliche Weise und beobachte, was passiert. Aber erzähle dir nicht ständig selbst, dass es ein Kampf, eine Anstrengung oder dass es hart ist. Mache es einfach. Nimm wahr, beobachte, frage, und alles wird sich von alleine regeln.

Es hängt von eurer Reife ab. Jeder ist verschieden. Ich sage nicht, ihr sollt euch von der Welt fernhalten. Reagiert einfach nicht, egal was ihr tut. Beobachtet euch und die Dinge, auf die ihr reagiert und versucht, euch von diesen Dingen fernzuhalten. Macht euer Leben einfach und komfortabel.

Und seid viel still.
Wenn ihr nicht auf eure Konditionierung reagiert, seid ihr immer in der Stille. Ihr könnt auf dem Marktplatz sein, ihr könnt irgendwo sein – wenn ihr nicht reagiert, seid ihr immer in der Stille. Ihr könnt auch in einer Höhle sein, aber wenn ihr nicht gelernt habt, euren Verstand zu kontrollieren, wird dieser Verstand euch verrückt machen, alle möglichen Gedanken produzieren. Daher ist es egal, wo ihr seid. Es geht darum, wie ihr reagiert, da wo ihr seid, das zählt.

SPIRITUELLE PRAXIS

(SADHANA)

Jeder hier ist Absolute Realität, Reines Gewahrsein.
Das ist deine wahre Natur.
Genau jetzt, nicht irgendwann in der Zukunft.
Nicht wenn du erleuchtet wirst.
Nicht wenn du nach den Antworten suchst.
Genau in dieser Minute. Das ist was du bist.

Warum willst du das nicht akzeptieren?
Wenn du über dich selbst nachdenkst,
hältst du dich dann für ein schwaches Wesen,
das für seine Existenz und sein Überleben kämpfen muss?
Solange du das glaubst, wird es so für dich sein.
Aber sobald du die Wahrheit über dich selbst akzeptierst,
dass du Freude bist, Göttliches Sat-Chit-Ananda,
wirst du frei sein.
Du musst das nur akzeptieren.

Du brauchst keine Rituale abzuhalten.
Du brauchst keine Gebete zu sagen.
Du musst einfach nur zu deiner wahren Natur erwachen,
Reines Gewahrsein,
Nirvana,
Glückseligkeit,
Bewusstsein.
Das ist, was du bist, in diesem Moment.

DER BEGINN DER WEISHEIT

Es gibt da eine Geschichte über einen Jnani, der mit geschlossenen Augen und dem Kopf auf seinen Knien im Göttlichen versunken am Straßenrand saß. Ein junger Mann ging zu ihm hin und sagte: „Meister, kann ich dein Schüler sein? Kannst du mich lehren?" Und der Jnani sagte: „Ich habe keine Schüler und ich lehre nicht. Aber ich werde dir erlauben, heute hier neben mir zu sitzen." Der junge Mann setzte sich hin und beobachtete.

Den ganzen Tag über kamen Leute der verschiedensten Glaubensrichtungen und Religionen zu dem Jnani, stellten ihm Fragen, erbaten seinen Segen, wollten Heilung oder verschiedene magische Tricks sehen. Eine Frau kam, weil sie ihre Tochter verheiraten wollte. Sie erbat den Segen des Jnanis, um einen Ehemann zu finden. Jemand anders wollte mehr Erfolg in seiner Arbeit. Das ging den ganzen Tag lang so. Der Jnani öffnete nie seine Augen und antwortete auch nie. Er sagte absolut nichts. Um etwa vier Uhr kam ein Bettler vorbei mit einem Bündel auf seiner Schulter, völlig zerzaust und in Lumpen. Er kam auf die beiden zu und fragte: „Könnt ihr mir bitte den Weg in die Stadt zeigen?" Und der Jnani öffnete seine Augen, lächelte, sprang auf und sagte: „Sicher, folge mir." Er begleitete ihn ein Stück, trug sein Gepäck, zeigte ihm dann den Weg in die Stadt, kam zurück und setzte sich hin.

Der junge Mann war außer sich. Er fragte den Jnani: „Meister, ich verstehe nicht, was du getan hast. All diese Leute kamen zu dir, Anwälte, Richter, Leute der verschiedensten Religionen, sie haben dich wichtige Dinge gefragt, und du hast ihnen nicht geantwortet. Aber dieser Bettler brachte dich dazu, zu lächeln und die Augen zu öffnen, und du hast ihm den Weg gezeigt. Kannst du mir das bitte erklären?" Der Jnani antwortete: „Der Bettler war der einzige ehrliche Mann heute. Er wusste, was er wollte und ging dem nach." Was das bedeutet, ist, dass die meisten Menschen Heuchler sind. Sie wollen die

Lehren nur für ihren eigenen Nutzen. Sie denken nicht an das Absolute. Sie denken nur daran, wie die Lehre ihnen materiell nutzen kann. Sie wollen ein Problem loswerden, ihren Lebensstil ändern, materiellen Wohlstand erreichen, Krankheiten loswerden und so weiter. Das sind alles legitime Wünsche, nur haben sie absolut nichts mit Selbst-Verwirklichung zu tun. Selbst-Verwirklichung ist deine wahre Natur. Sie ist dein Wesen, das, was du bist. Sie hat nichts mit deinem Körper zu tun. Sie hat nichts mit deinem Verstand zu tun. Sie hat nichts mit deinen Angelegenheiten zu tun. Was selbst-verwirklicht ist, ist nicht der Körper. Der Körper kann nie selbst-verwirklicht sein. Der Verstand kann nicht erleuchtet werden. Egal, wie oft ich das sage, die Leute glauben immer noch, dass es der Verstand ist, der erleuchtet wird, dass der Körper frei wird. Nichts kann weiter von der Wahrheit entfernt sein. Du bist nicht der Körper. Du hast keinen Körper. Und du hast keinen Verstand.

Mit all den Religionen und unseren vielen spirituellen Übungen wollen wir doch nur dieses oder jenes werden. Wir wollen einen friedlichen Verstand. Wir wollen Reichtümer. Wir wollen all diese Dinge. Aber was wir wirklich wollen, ist ABSOLUTE FREIHEIT. Die grundlegende Wahrheit ist Reines Gewahrsein, Absolute Realität.

Dieses Ziel ist irgendwo in uns drin, nur wir wissen es nicht. Wir tragen es mit uns herum. Die grundlegende Realität ist bereits Teil von uns. Und doch unterziehen wir uns allen möglichen Arten von Übungen, Meditationen, Sadhanas, versuchen die Kundalini zu erwecken. Wir machen alle möglichen tantrischen Übungen, lernen die Quabbalah, praktizieren Taoismus, tun all diese Dinge, die absolut unnötig und absurd sind. Sie sind reine Zeitverschwendung. Und doch sind sie auch keine Zeitverschwendung, denn wenn ihr sie nicht gemacht hättet, wäret ihr nicht hier und würdet nichts über Advaita Vedanta hören. Ihr würdet nicht nach vollkommener Freiheit suchen.

Alles, was du bisher getan hast, hat dich hierher gebracht. Und doch ist das alles reiner Unsinn. Wie kann beides stimmen? Wie kann es nötig und gleichzeitig Unsinn sein? Solange du dich weigerst, aufzuwachen und zu sehen, dass du nicht der Körper bist, wirst du durch all diese Übungen und Rituale gehen. Und all diese Lehren praktizieren und die Bibel auswendig lernen und die Sutras und alles andere. Du wirst dich mit allen möglichen Lehren beschäftigen, wieder und wieder und wieder, vielleicht viele Leben lang. Bis du erkennst, dass es nicht die Lehre ist, durch die du wirklich aufwachst. Es gibt weder Person noch Ort oder Ding, das dich je aufwecken und von der Knechtschaft an dich selbst, an Maya, das Universum, die Welt befreien kann.

Wenn du das erkennst, fängst du an, weise zu werden. Du erkennst, dass alle Lehren der Welt, alle spirituellen Praktiken, alle Yoga-Übungen, sämtliche Disziplinen, die du schon ausgeübt hast, dich nicht im geringsten aufwecken können. Du hast deine Zeit verschwendet. Es gibt nichts, was dich aufwecken kann. Du erwartest, dass ich dir sage, was dich aufwecken kann. Es gibt nichts, was dich je erwecken kann. Wenn dich etwas aufwecken könnte, dann wäre das kein Erwachen. Wenn du auf etwas angewiesen bist, das dich aufweckt, wäre es kein richtiges Erwachen. Was tatsächlich passiert ist, du beginnst, zu sehen. Du wirst zu Reinem Sein. Aber nichts hat das verursacht. Denke nicht, dass all die harte Arbeit, die du geleistet hast, dich schneller aufwachen lässt. Ich erzähle euch diese großartigen Wahrheiten zu eurem eigenen Nutzen, weil die meisten von euch schon lange hierher kommen. Keines der Dinge dieser Welt wird euch aufwecken. Es gibt nichts, das euch aufwecken kann, weil ihr dann von etwas abhängig sein würdet. Und all diese Dinge ziehen euch tiefer und tiefer ins Maya.

ES GIBT NIEMANDEN, DER AUFWACHEN MUSS

Wir alle kennen viele Leute, die seit vielen Jahren spirituelle Disziplinen ausüben. Sie können die Bibel vorwärts und rückwärts aufsagen. Sie wissen schöne Strophen und spirituelle Bücher auswendig. Sie diskutieren gekonnt über Advaita Vedanta oder andere Lehren. Sie sind in der Welt herumgekommen und waren an vielen Plätzen, bei vielen Lehrern. Aber sie sind immer noch die Gleichen wie vorher. Alles was sie getan haben, ist, ihre Unwissenheit zu vergrößern. Sie interessieren sich für eine spirituelle Lehre nach der anderen. Sie füllen sich selbst mit Lehren. Aber das wird dich niemals aufwecken. Erst wenn du dich selbst gänzlich leer machst, wenn niemand mehr da ist, der irgendetwas lernen könnte, erst dann wirst du dich selbst als Nicht-Körper erkennen. Du schaust dich an und erkennst, was du bist. Aber nichts kann das für dich besorgen.

Welche Haltung sollte man also annehmen? Gar keine. Was sollte man tun? Nichts. Was sollte man studieren? Was sollte man lernen? Nichts. Wohin sollte man gehen? Nirgendwohin. Mit wem sollte man verkehren? Mit niemandem. Wenn du dort ankommst, bist du bereits aufgewacht. Denn es gab niemals jemanden, der aufwachen musste. Es gab niemals jemanden, der spirituelle Praktiken ausüben musste. Es gab niemals jemanden, der einen Körper besaß. Es gab niemals jemanden, der existierte. Ich weiß, für einige von euch hört sich das sehr eigenartig an, und doch ist es die Wahrheit. Es ist die ganze Wahrheit und nichts als die Wahrheit. Die einzige Möglichkeit, das jemals zu lernen, ist, nichts zu lernen, still zu sein. Schau, wie dein Verstand gerade denkt. Einige von euch sagen sich: Dieser Typ ist verrückt. Und ihr habt recht. Einige von euch denken an das Mittagessen von morgen, welche Kleider ihr tragen werdet, an die Arbeit. Euer Verstand fängt sofort an zu denken. Die Lektion, die ihr lernen müsst ist, wie ihr aufhört zu denken. Und niemand kann euch das beibringen, ehrlich. Denn es gibt keine Lehre, die euch ausreichend vom Denken abhalten könnte. Ihr müsst es selber wollen.

Mit anderen Worten, ich bin kein Lehrer, ich gebe euch kein heiliges Mantra und ich werde euch auch kein bestimmtes Geheimnis verraten, so dass ihr aufwachen könnt. Vergesst das.

Wendet euch nach innen. Seht die Wahrheit. Werdet zur Wahrheit. Wartet nicht auf Ratschläge von anderen, was ihr tun sollt, wie ihr leben sollt. Seid euch selbst ein Licht, wie Buddha sagte. Alle Antworten sind in euch. Einige von euch sagen, was ist mit dir, Robert, können wir nicht zu dir kommen und dich um Rat fragen? Ich bin ein Vorbild, ein Spiegel für dich, um dich selbst darin zu sehen. Betrachte mich als Spiegel für dich, das ist alles. Ich kann dich nur als eines sehen, als Vollkommenheit, als Bewusstsein. Ich sehe dich als mich selbst. Wenn du mich anschaust, siehst du in einen Spiegel. Was siehst du? Du siehst dich selbst. Wie siehst du dich selbst? Als verdorben, unansehnlich, krank, als Geistesgestörten? Vergiss das. Wach auf. Wenn du mich anschaust, siehst du Stille, wenn du auf die richtige Art in den Spiegel schaust. Da ist kein Verstand, da ist keine Bewegung, da ist kein Körper, da ist niemand zu Hause. Dann siehst du dich selbst. Und du bist genau DAS.

Erinnere dich, du bist nicht aufgewacht, denn es gibt niemanden, der aufwachen muss. Erinnere dich immer daran. Viele Bücher und Lehren erzählen dir, dass du aufwachen musst. Wer muss aufwachen? Es gab niemals jemanden, der schlief. Es muss jemanden geben, der schläft, und der dann aufwacht. Und doch, aus deiner Perspektive glaubst du, dass du schläfst. Du glaubst, du brauchst eine Lehre. Du glaubst, jemand muss dich berühren oder dir ein Mantra geben oder sonst irgendetwas mit dir tun. Du willst ständig etwas haben. Du glaubst ständig, dass du irgendetwas von außen brauchst. Das Außen ist eine totale Illusion, genau wie du auch. Daher ist das Einzige, was du von außen bekommen kannst, totaler Nonsens, Dummheit, Maya. Das ist alles, was jemand dir geben kann. Du musst auf diese Worte hören und entsprechend handeln. SEI einfach. Sei nicht dies oder das. Denke nicht daran, einfach zu sein. SEI einfach.

Vergiss deine Träume, deine Ziele, deine Ambitionen, deine Zukunft, deine Vergangenheit. Das alles sind Illusionen. Wenn du unbedingt deine Zukunft oder deine Ziele anschauen willst, dann sieh, dass das letztendliche Ziel der Tod ist. Denn das ist, wo jeder zu enden scheint. Da hören deine Ziele auf, da ist deine Zukunft begraben. Das ist, wo jeder zu landen scheint. Daher wird der weise Mensch sich selbst als Absolute Realität erkennen, noch bevor ein weiterer Tag vergangen ist. Er wird nicht länger daran denken, was er nach diesem Treffen tun wird. Ich werde ins Kino gehen, ich werde essen gehen, ich werde nach Hause gehen und fernsehen, ich werde nach Hause gehen und Musik hören. Stattdessen wird der weise Mensch denken, ich brauche nirgendwohin zu gehen und ich habe nichts zu tun. Und doch wirst du Dinge tun, die du tun musst. Du wirst immer noch ins Kino gehen. Du wirst immer noch fernsehen, wenn du magst. Du wirst zu Abend essen. Aber du wirst erkennen, du tust nichts. Dies ist ein großes Paradox. Wie kannst du etwas tun und gleichzeitig nichts tun? Aber genau das ist es, was geschieht. Dein Körper wird scheinbar handeln und alle möglichen Dinge tun, aber du tust nichts. Wenn ich über solche Dinge spreche, kann der begrenzte Verstand das nicht begreifen. Der begrenzte Verstand will kämpfen, argumentieren, für seine Rechte einstehen. Und viele Menschen vergessen diese Art von Lehre und machen weiter wie gehabt. Und sie sagen: „Gut, lass geschehen, was geschieht." Es gibt nur wenige, die erfassen können, was ich sage.

Jeder wird letztendlich dahin kommen. Jeder wird eines Tages erwachen. Doch solange du so mit deinem Körper und der materiellen Welt beschäftigt bist, wird es dir erscheinen, als kämest du zurück, Leben um Leben um Leben. Bis du zu derselben Erkenntnis kommst, die ich hatte. Wir sind alle höllisch heiß auf den Himmel, sozusagen. Jeder wird dorthin gelangen, ob wir wollen oder nicht. Fragt ruhig, ob das unsere wahre Natur ist, nichts, niemand – wie bin ich überhaupt hierhergekommen? Das ist eine gute Frage. Wer stellte diese Frage? Ich. Deshalb werde ich sie auch beantworten. Nichts passiert. Du bist niemals hier angekommen. Es gibt kein Hier zum Ankommen. Es ist wie Hypnose. Viele von euch haben Menschen in Hypnose gesehen. In Hypnose scheinen sie bestimmte Dinge zu sehen, die der Hypnotiseur ihnen sagt. Doch diese Dinge existieren nicht. So ist es mit der Welt und deiner Erscheinung in ihr. Du scheinst hier zu sein, weil du hypnotisiert bist. Du hast bestimmte Gedanken, bestimmte Gefühle, bestimmte Emotionen, weil du hypnotisiert bist. Nur weil du hypnotisiert bist, glaubst du, dass du selbst-verwirklicht sein willst, befreit. Doch alles, was du fühlst oder tust, ist Hypnose. Du bist nicht derjenige, der handelt oder tut oder fühlt. DU bist jenseits davon. DU bist grenzenloser Raum, Nirvana, Sat-Chit-Ananda. Du bist nicht das, wofür du dich hältst. Du bist immerwährende Glückseligkeit, ungetrübter Frieden, Freude. Das ist deine wahre Natur. Du bist die Grundessenz aller Existenz, die zugrundeliegende Strömung, aus der alles entsteht. Doch du bist nicht all die Dinge, die von dir zu kommen scheinen.

Es gibt nichts zu suchen

Ob du dieser Sache näherkommst, kannst du an dem Frieden erkennen, der dich überwältigt, an dem Glücksgefühl, das dich überkommt. Es ist nicht das Glücksgefühl, weil etwas Besonderes in deinem Leben passiert. Es ist nicht das Glücksgefühl über etwas Neues, das du jetzt hast und vorher nicht hattest. Es ist nicht der Friede, weil du in der richtigen Umgebung bist und dich friedlich fühlst. Es ist der Friede, das Glück, die immer da sind. Du bist dieser Friede. Du bist dieses Glück. Es ist immer da. Es verlässt dich nie. Solange du glaubst, du seist der Körper, ist es so gut wie unmöglich, diesen Frieden und dieses Glücksgefühl zu erleben. Es geht nicht, weil der Körper Teil der weltlichen Konditionierung ist. Deshalb musst du nach dem Frieden suchen. Du musst nach dem Glück suchen. Du glaubst, wenn du dies oder jenes tust, wirst du glücklich sein, wirst du friedlich sein. Und wenn du dies und das tust, wie lange werden der Frieden und das Glücksgefühl andauern? Nur für kurze Zeit. Dinge ändern sich. Umgebungen ändern sich. Bedingungen ändern sich. Deine Familie ändert sich. Alles ändert sich. Deshalb noch einmal: Es ist so gut wie unmöglich, wahren Frieden und wahres Glücksgefühl zu erleben, solange du glaubst, du seist ein Körper. Also sollten wir nicht nach Frieden und Glück suchen, das wäre ein Fehler. Nein, wir werden zum wahren Selbst, indem wir nicht versuchen, zum wahren Selbst zu werden.

All dies beginnt damit, den Verstand ruhig zu stellen, ihm nicht zu erlauben, auf Bedingungen und Situationen zu reagieren. Ich spreche nicht nur von negativen Bedingungen und Situationen, sondern von allem, was im Verstand aufsteigt. Wenn du morgens aufwachst und die schönen Bäume siehst, den Sonnenaufgang, die Berge, die Blumen, die Vögel, ist das alles eine falsche Vorstellung. Es ist nicht die Wahrheit über dich. Versuche nicht, Schlechtes durch Gutes zu ersetzen. Denn der singende Vogel, dem du zuhörst, wird nur vierzehn Tage dableiben. Wie lang sind vierzehn Tage? Zwei Wochen. Das ist genug. Alle Bäume, die du siehst, werden im Winter sterben oder sich verändern. Alles, was du siehst, verändert sich. Die schönen Blumen, die du für den Frühstückstisch abschneidest, sterben innerhalb von vierundzwanzig Stunden oder weniger. Sie sind nicht länger schöne Blumen. Ich möchte euch zeigen, dass ihr euch auf nichts in dieser Welt für Euer Glück oder euren Frieden verlassen könnt. Alles falsche Voraussetzungen. Alle Dinge dieser Welt können euch nur vorübergehend glücklich machen. Wenn du zu der Erkenntnis gelangst, dass du nicht der Körper bist, erkennst du, dass es keine Welt gibt, kein Universum, keinen Gott. Es gibt nur DAS, unbeschreiblich.

Du musst sehr ehrlich mit dir sein. Will ich wirklich frei sein? Sehne ich mich wirklich danach, aufzuwachen, frei zu sein? Was tue ich dafür? Sei ehrlich mit dir (Gelächter von Kindern in der Nähe). Hört euch diese Kinder an, sie feiern Geburtstag. Was immer sie tun, sie sind so glücklich. Und doch müssen sie am Ende der Party nach Hause. Sie müssen morgen zur Schule gehen, sie haben Pflichten und müssen Dinge tun, die sie nicht mögen. Bald wird ihr Verstand anfangen, an die nächste Party zu denken. Sie feiern noch mehr Partys. Das machen sie, bis sie erwachsen sind. Es hört nie auf. Eine Party nach der anderen. Sie werden zu Party-Löwen, die nach Glück und Frieden suchen, nach immerwährender Freude. Sie können nicht verstehen, dass nichts im Außen das geben kann. Nichts! Ihr müsst in euch selbst hineinspringen. Ihr müsst lernen, in Stille zu sitzen und den Verstand ruhig zu stellen. Es wird von alleine kommen. Ihr müsst nicht dafür beten oder Sadhanas üben oder bestimmte Rituale vollziehen oder bestimmte Bücher lesen. Ihr müsst einfach nur sitzen und den Verstand still werden lassen, indem ihr beobachtet und fragt: „Zu wem kommen die Gedanken?"

Sei still und wisse, ICH BIN GOTT.

MEDITATION UND SELBST-BEFRAGUNG

Hat Meditation eine Bedeutung in der spirituellen Suche?

Für den Anfänger beruhigt sie in gewisser Weise den Verstand, und sie macht dich zielgerichtet. Sie macht den Verstand zielgerichtet, so dass du dich auf eine Sache konzentrieren kannst. Sie hilft. Aber je fortgeschrittener du bist, desto mehr wird sie zu einem tatsächlichen Hindernis. Denn worauf meditierst du? Zum Meditieren brauchst du ein Objekt und ein Subjekt. Du bist das Subjekt, das auf ein Objekt meditiert. Aber in Wirklichkeit gibt es kein Subjekt und kein Objekt. Es gibt nur das eine Selbst, Brahman. Deshalb stelle dir selbst die Frage: „Muss Brahman meditieren? Muss Gott meditieren?"

Kann Meditation nicht hilfreich für uns sein, Lord Arjuna selbst wird in Meditation gezeigt...

Für den, der glaubt, er sei von Gott getrennt, ja. Wenn du glaubst, dass du getrennt bist, dass Brahman hoch oben im Himmel ist oder sonstwo, dass Gott irgendwo anders ist und Shiva

und Krishna irgendwo anders sind, dann ja, dann musst du auf diese Gottheiten meditieren. Aber wenn du weißt, DU BIST DAS, TAT TWAM ASI, wer meditiert dann auf wen? Du bist Krishna selbst geworden. Du bist Shiva, du bist Brahman, du bist DAS. Du musst dir nur der Wahrheit bewusst sein. Noch einmal: Wenn du glaubst, du seist getrennt, dann solltest du in jedem Fall meditieren. Darum lehrt Jnana Marga:
ES GIBT NUR EINS UND ICH BIN DAS.
Es hat nie zwei gegeben. Es hat nie Gott und dich gegeben. Doch solange du das glaubst oder dir dies noch niemand gesagt hat, musst du meditieren. Du musst beten. Du musst all die Rituale vollziehen. Du musst Pujas machen und Bhajans und Kirtans singen. All diese Dinge sind nötig, solange du glaubst, du seist von Gott getrennt. Also warum nicht gleich ganz oben anfangen?

Es ist das Unmanifeste, welches das Eine manifestiert. Ist das richtig?
Ja, es ist dasselbe. Ich und mein Vater sind eins. Wenn du mich kennst, kennst du auch meinen Vater. Dasselbe.

In der Stille sitzen ist anders als Meditation?
Ja.

Wie mit offenen Augen im Stuhl sitzen und in den Garten schauen. Mit geschlossenen Augen sitzen ohne Objekt, einfach sitzen?
Es macht keinen Unterschied.

Fragen „wer bin ich" und so weiter?
Natürlich kannst du immer Atma Vichara praktizieren und fragen: „Wer bin ich?" Sobald Gedanken in deinen Verstand kommen, frage: „Zu wem kommen diese Gedanken?" Erkenne, das „Ich" bist nicht du. Du suchst nach der Quelle des „Ich", die in deinem Herzen ist.

*Aber dann wird die Quelle des „Ich" ganz langsam beginnen,
das zu erinnern. Wie etwas, das verloren war und jetzt zu uns
zurückkommt.*
So kann man das sagen, ja. Das „Ich" wird zum wirklichen
ICH.

*Und wenn man es mehr und mehr erinnert, dann wird es
bewusster und man erinnert es immer länger. Und man vergisst
all das Andere.*
Ja.

Wenn man in Meditation sitzt, soll man versuchen, die Gedanken anzuhalten oder sollte man sie abweisen?
Versuche nie, die Gedanken anzuhalten. Wenn du das versuchst, werden sie größer und größer, und sie werden gewinnen.
Weil der Verstand sehr kraftvoll zu sein scheint. Doch in Wahrheit existiert der Verstand nicht. Es gibt keinen Verstand. Wenn
du in der Stille sitzt, nimmst du wahr, du beobachtest, du wirst
zum Zeugen, du kannst viele verschiedene Dinge tun. Du kannst
deinen Atem beobachten, indem du Vipassana Meditation übst,
du kannst die Gefühle in deinem Körper beobachten, deinen
Atem wahrnehmen. Der bessere Weg ist jedoch, weiterhin zu
fragen: „Wer bin ich?" Du beantwortest diese Frage nie. Du stellst
diese Frage einfach nur und bleibst still. Dann werden Gedanken in deinen Verstand kommen. Frage einfach: „Zu wem kommen diese Gedanken? Sie kommen zu mir. Ich denke diese Gedanken. Wer bin ich dann?" ,Wer bin ich' bedeutet einfach, was
ist die Quelle vom Ich? Von woher steigt das Ich auf? Du folgst
dem Ich zurück zur Quelle, ins Herzzentrum. Und eines Tages
wird das Ich verschwinden und du wirst total frei sein.
  Es ist das „Ich", das dich zum Menschen macht. Alles in
diesem Universum ist mit dem „Ich" verbunden. Sagst du nicht
ständig, ich fühle dies und ich fühle das? Und ich bin dies und
ich bin das? Den ganzen Tag lang benutzt du dein „Ich". Den
ganzen Tag lang sagst du, ich bin glücklich, ich bin traurig, ich

bin krank, ich fühle mich gut, ich bin müde, ich bin alles mögliche. Aber wenn du Atma Vichara praktizierst, wirst du dir bewusst, total bewusst, dass du immer sagst, ich bin dies, ich bin das. Und du fragst dich: „Gut, wer bin ich? Wer ist dieses Ich? Wer hat es geboren? Von woher stieg es auf?" Einfach indem du das fragst, wirst du Frieden finden.

In der Vergangenheit haben Weise wie Ramana Marharshi, Shankara und andere gesagt, dass Selbst-Befragung etwas für reife Menschen sei. Man müsse spirituell gereift sein, um Selbst-Befragung, Advaita Vedanta, verstehen zu können. Wenn ich euch sage, ihr seid nichts, alles ist nichts, und ihr kommt nirgendwohin, glauben Leute immer noch, ich sei ein Taugenichts. Aber ich mache euch ein Kompliment, wenn ich sage, ihr seid Taugenichtse. Es bedeutet tatsächlich, dass ihr für nichts taugt, was die Sinne wahrnehmen können. Was immer die Sinne wahrnehmen, ist nicht real. Nichts ist das, als was es erscheint. Alles ist eine Fata Morgana, ein Traum. Es ist nicht das, was du denkst. Es ist ein großer Segen, nichts zu sein. Ein Taugenichts zu sein ist ein noch größerer Segen. Erkenne, wer du bist. Verstehe deine wahre Natur. Übe Selbst-Befragung. Sei du selbst. Wache auf zu deinem wahren Selbst. Und doch schaffen das die meisten Leute nicht, weil sie so mit der Welt verwickelt sind. So hält dieses Maya sie davon ab, überhaupt nach sich selbst als Gott, als Absolute Realität zu suchen. Und für die meisten Leute ist das schwierig. Es muss einen Weg geben, auf dem auch durchschnittliche Leute bis zu dem Punkt gelangen, an dem sie Selbst-Befragung praktizieren können.

Wir werden ein wenig darüber reden. Die meisten Leute rufen mich an und wollen wissen, wie sie ihre Probleme mildern können. Wie kann ich eine schlechte Ehe beenden? Wie finde ich einen neuen Job? Wie kann ich Krankheiten aus meinem Leben ausschließen? Wie werde ich zum Millionär? Und so weiter und so fort. Was ich normalerweise sage, ist: „Denke nicht an deine Probleme, denke an Gott." Ich meine nicht Gott oben im Himmel. Ich meine auch keine anthropomorphe Gottheit. Ich meine Reine Realität, Bewusstsein. Wenn ich Gott erwähne, meine ich Absolute Intelligenz. Denke an Gott, wann immer dein Problem auftaucht oder du dich niedergeschlagen fühlst. Vielleicht fühlst du dich verwirrt oder irgendetwas läuft falsch. Denke an Gott. Wie mache ich das, fragen sie. Wie kann ich an Gott denken? Was wir Gott nennen, ist unsichtbar. Absolute Realität hat keine Form und keine Gestalt. Wie kann ich an Gott denken? Ich habe darüber schon gesprochen. Wer kann es mir sagen? Wie denkt man an Gott? Wie meditiert man über Gott? Ich gebe euch einen Hinweis. Was ist der Vorname von Gott?

ICH BIN.
Genau. ICH BIN ist der Vorname von Gott. Wenn du an Gott denken willst, dann denke ICH BIN mit der Atmung. ICH BIN ist der Vorname Gottes. Atme ein und sage „Ich", atme aus und sage „bin". Beim Einatmen sagst du „Ich", beim Ausatmen „bin". Fühlt sich das nicht gut an? Nur indem du sagst ICH BIN, geht's dir besser. Was du machst, ist Folgendes: Wann immer du ein Problem hast, egal was es ist, egal für wie ernsthaft du es hältst, ob persönlich oder weltlich, wo immer es herkam, das Geheimnis ist, dich selbst zu vergessen. Vergiss das Problem solange du kannst und mache die ICH BIN Meditation. Und immer wenn das Problem zu dir zurückkommt, mache die ICH BIN Meditation. Wenn dein Verstand wandert, bringe ihn mit der ICH BIN Meditation wieder zurück.

Manche Leuten sagen, wenn ich ihnen das erkläre: „Robert, du sagst uns, wir sollen unseren Verstand loswerden. Wir sollen den Verstand auslöschen, nicht mit ihm denken." Das ist wahr. Das ist die höchste Wahrheit. Aber die meisten können das noch nicht. Erinnert euch, Advaita Vedanta ist wirklich für reife Seelen. Für solche, die in vergangenen Leben Sadhana praktiziert haben. Es ist das Gleiche wie zur Schule zu gehen. Selbst-Befragung, Advaita Vedanta, das ist die Universität des spirituellen Lebens. Macht euch nicht selber etwas vor. Es gibt so viele, die sich mit Selbst-Befragung versuchen und aufgeben. Dann sage ich ihnen, sie sollen sich hingeben, vollkommen hingeben – das ist der andere Weg. Auch das wird schwierig. Sie versuchen es eine Weile, kehren aber immer wieder zu sich selbst zurück, zum persönlichen Selbst. So gebe ich ihnen die ICH BIN Meditation. Das kann jeder machen. Wenn nichts zu funktionieren scheint, geht zurück zum ICH BIN. Es ist wirklich sehr kraftvoll. Haltet es nicht für simpel. Ich kann euch garantieren, wenn ihr ICH BIN einen Tag lang praktizieren könnt, nur einen Tag, werden alle eure Sorgen verschwinden. Ihr werdet euch so glücklich fühlen wie nie zuvor. Ihr werdet einen Frieden empfinden, von dem ihr nicht wusstet, dass er existiert. Wenn ihr ICH BIN weiter praktiziert, werden eure Gedanken weniger und weniger. Euer persönliches Selbst wird in den Hintergrund treten und ihr werdet anfangen, innere Glückseligkeit zu empfinden. Ihr werdet spüren, dass es egal ist, was ihr durchmacht. Es ist gleichgültig, denn es ist Gott, der all das durchmacht, nicht ich. Und Gott hat keine Probleme. Ihr werdet automatisch glücklich, einfach indem ihr die ICH BIN Meditation benutzt.

In der Bhagavad Gita heißt es: „In einer Million Menschen sucht nur einer Gott. Und von einer Million, die suchen, findet IHN einer." Es ist irgendwie schwierig, so scheint es zumindest. Aber wenn du die ICH BIN Meditation anwendest und dem ICH BIN erlaubst, tiefer und tiefer zu gehen, wird dein Körper-Bewusstsein vergehen und das ICH BIN an seine Stelle treten. Du kannst Selbst-Befragung, Atma Vichara mit ICH BIN verbinden, du kannst beides benutzen. Ich erkläre, wie. Angenommen, du wendest die ICH BIN Meditation an und zwischendurch kommen Gedanken hoch. Ob gute oder schlechte Gedanken macht keinen Unterschied, sie stören. Nun kannst du fragen: „Zu wem kommen diese Gedanken?", und du musst nicht weitergehen. Beobachte nur und nimm wahr. Wenn dein Verstand wieder ruhig wird, geh mit deiner Atmung zurück zur ICH BIN Meditation. Wenn wieder Gedanken kommen, frage erneut: „Zu wem kommen sie?" Wenn du mit dieser Methode Fortschritte machst, erweiterst du die Frage. „Die Gedanken kommen zu mir. Was ist die Quelle von mir? Wer bin ich? Was ist die Quelle vom Ich?" Du beginnst zu spüren und zu sehen, dass das Ich, welches die Probleme zu haben scheint, nicht du bist. Du fängst an zu sehen: „Ich" habe ein Problem. „Ich" bin krank. „Ich" bin wütend. „Ich" bin unruhig im Kopf. Und du wirst lachen. Denn diese Erkenntnis sagt dir, dass „Ich" all diese Probleme hat, nicht ich. „Ich" ist der Übeltäter. „Ich" scheint dies und das zu wollen und zu brauchen. Genauso ist es mit den Wünschen, mit der Selbstüberschätzung. All das gehört zum „Ich". Wer ist dieses Ich? Wo kommt es her? Wenn dieses „Ich" nicht wirklich ich bin – wer bin ich dann? Und du bleibst still.

Jetzt kannst du mit der Atmung zum ICH BIN zurückgehen. Du atmest ein und sagst ICH, du atmest aus und sagst BIN. Wenn du damit weitermachst, wirst du bemerken, dass etwas Interessantes in deinem Leben geschieht. Es wird mehr und mehr Raum entstehen zwischen ICH BIN. Das passiert ganz von allein. Du wirst einatmen und sagen ICH, und plötzlich wird nichts mehr danach kommen. Dann atmest du aus mit BIN. Du wirst wieder einatmen und ICH sagen. Denke daran, du tust es nicht, es geschieht von allein. Der Raum zwischen ICH BIN ist die vierte Dimension des Bewusstseins jenseits von Wachen, Schlafen und Träumen. Es ist der Zustand des Jnanis. Es ist deine Freiheit. Es ist Reines Gewahrsein. Reines Gewahrsein ist nicht das ICH BIN. Das ICH BIN führt zu Reinem Gewahrsein. Wenn du weiter „Wer bin ich?" übst und zwischen beiden Übungen abwechselst, dann wird mehr Raum entstehen, bevor du wieder fragst: „Wer bin ich?" Dieser Zustand ist Glückseligkeit. Du wirst etwas fühlen, das du noch nie zuvor gefühlt hast, innere Freude, Vergnügen. Du wirst wissen, dass das gesamte Universum das Selbst ist, und ICH BIN DAS. Während der nächsten Monate werden die Worte weniger. Du magst mit dem ICH BIN anfangen und wirst dann in der Stille sein. Du wirst kein Wort mehr reden. Du wirst einfach die Stille erfahren. Diese Stille ist Nirvana, Leere. Sie ist kein Ding, sie ist Nichts. Sie ist das Nichts, über das ich gesprochen habe. Du wirst nur noch in der Stille sitzen.

DIE NATUR DES VERSTANDES

Existiert der Verstand in der realen Welt?
Er scheint zu existieren. Er ist nur eine Erscheinung.

Er ist also nicht vorhanden?
In Wirklichkeit gibt es keinen Verstand.

Ist er nur ein Glaube?
Der Verstand ist ein Glaube. Er besteht nur aus Gedanken. All eure Gedanken machen den Verstand aus. Die Gedanken kommen aus dem Verstand. Es sind wirklich nur die Gedanken, die ihr loswerden, beseitigen müsst. Der Verstand ist eine Ansammlung von Gedanken über die Vergangenheit und Sorgen um die Zukunft. Das ist alles. Wenn ihr die Natur des Verstandes wirklich erkennt, wird er verschwinden. Er ist wie ein Regenbogen. Ein Regenbogen scheint real zu sein, aber wenn man näher kommt, existiert er nicht. Er ist nur eine optische Täuschung, genau wie der Verstand. Er macht euch glauben, dass ihr ein Körper seid und mit eurem Körper durch Erfahrungen gehen müsst. Der Verstand hält euch zum Narren, er macht euch glauben, dass es Karma und Reinkarnation und Samskaras und eine ganze Menge Kram gibt, den ihr loswerden müsst. Aber wenn ihr fragt: „Zu wem kommt der Verstand?", dann wird der Verstand weglaufen, er wird fliehen und ihr werdet frei sein.

Robert, als du eben über den Verstand gesprochen hast: Wie ist das, sagen wir mit dem Kochen oder der Elektronik oder damit, Auto zu fahren? Diese Dinge spielen sich zunächst im Verstand ab.

Nachdem der Verstand sich aufgelöst hat, geschehen diese Dinge spontan. Was wir das Selbst, Bewusstsein nennen, motiviert dich. Du wirst all diese Dinge spontan tun. Alles was du tun musst, wird getan werden. Aber es wird nicht mehr der Verstand sein, der das macht. Es wird das Bewusstsein sein, das Selbst.

Dann sind also diese Dinge und der Verstand verschieden?
Der Verstand ist in Wirklichkeit Bewusstsein, er erscheint nur als Verstand, wie ein Traum. Wenn du den Verstand aufgibst, existiert nur noch Bewusstsein, und dann wirst du vom Bewusstsein motiviert und geführt.

Wie würdest du nun diese praktischen Dinge nennen? Dass sie nicht der Verstand sind, sondern einfach eigenständige, lebbose Objekte?
Mit den praktischen Dingen ist es genauso wie mit dem Körper. Solange du glaubst, du seist der Körper, wirst du dich um praktische Dinge kümmern müssen. Aber wenn du erkennst, dass du weder der Körper noch der Verstand bist, wirst du dich auch nicht mehr um diese Dinge kümmern müssen. Und doch wird es so erscheinen, als würdest du dich darum kümmern. Um diese Dinge wird sich besser gekümmert, als du es je hättest tun können. Gleichzeitig wirst du ohne jeden Zweifel wissen, dass nicht du der Handelnde bist. Du bist nicht der Handelnde. Und doch wird alles getan werden.

Ich verstehe nicht, wie Bhakti und Puja und dergleichen die Dualität aufrechterhalten. Manchmal fühlt es sich für mich so an, als würde Selbst-Befragung das Gleiche tun. Sie setzt voraus, dass es einen Fragenden gibt und etwas, das gefragt wird. Manchmal fühlt es sich sogar lästig an, wenn ich versuche, Selbst-Befragung zu praktizieren. So als wenn ich eigentlich sehr im Verstand bin, wo ich doch in der Stille sein möchte.

Dann solltest du in jedem Fall still sein. Selbst-Befragung ist für viele Leute gut. Aber es gibt auch viele, die es nicht können. Tue also in jedem Fall das, was du tun musst. Bleibe ruhig. Bleibe still. Alle Straßen führen zum gleichen Ziel, zum Gipfel. Tue deshalb was auch immer du tun musst, um frei zu werden.

Robert, wenn du über Stille sprichst, meinst du doch, dass der Verstand still ist, oder?
Ich meine damit, vollkommen still zu werden, und der Verstand kann nicht von selbst still sein. Der Verstand ist eine Ansammlung von Gedanken. Wenn du still wirst, wird der Verstand langsamer, bis er schließlich in die Großartigkeit verschwindet, aus der er kam. Du kannst den Verstand nicht wirklich ruhig stellen.

Gedanken, nicht wahr?
Es gibt nur Stille, reine Stille.

Die Abwesenheit von Gedanken?
Ja, so könnte man es sagen. Wenn du versuchst den Verstand zu beruhigen, wirst du Schwierigkeiten haben, weil der Verstand nicht einmal existiert. Was versuchst du also zu beruhigen? Sei einfach nur still. Der Verstand wird sich um sich selber kümmern. Das was als der Verstand erscheint, wird von selbst verschwinden, wenn du still wirst, weil er nie existiert hat. Wenn du ruhig wirst, wird alles von selbst geschehen. Das wahre Selbst taucht in all seinem Glanz und seiner Schönheit auf. Und alles andere wird verschwinden. Es ist falsch, zu sagen: „Ich werde den Verstand töten, um ihn ruhig zu stellen." Es gab nie einen Verstand, den man ruhig stellen musste. Noch einmal: Sei einfach still. Vergiss den Verstand. Und wenn du wirklich still wirst, dann wirst du sehen, dass du nie einen Verstand hattest. Du wirst ohne Verstand sein. Du wirst aus dem Verstand heraus sein!

Wenn normalerweise Leute darüber reden, still zu sein, dann bezieht sich das auf das Sprechen, aber du redest über wesentlich mehr als nur Sprechen oder Nichtsprechen.

Ja. Die Leute reden darüber, den Verstand zu beruhigen. Das meine ich ganz und gar nicht. Wir versuchen nicht, den Verstand zu beruhigen. Wir versuchen, die innere Stille zu erreichen, die Brahman ist. Ein anderes Wort für diese Stille ist Brahman oder Absolute Realität. Das ist wahre Stille.

Möget ihr für den Rest eures Lebens und für immer in Stille sein!

Robert, was sind die häufigsten Fallen oder Tricks des Verstandes, wenn man Selbst-Befragung übt?

Nun, der Verstand wird hauptsächlich versuchen, dir beizubringen, dass er wirklich ist. Er wird dir nach einer Weile sagen: „Warum verschwendest du deine Zeit damit? Du könntest dich mit vielen anderen Dingen beschäftigen, dich betrinken, ins Kino gehen, fernsehen, Kegeln gehen. Warum verschwendest du deine Zeit mit Selbst-Befragung?" Und dann wird er dir auch sagen: „Schau, wieviel Zeit schon vergangen ist. Und nichts ist passiert. Gib auf. Gehe zurück zu deinem normalen Leben." Der Verstand ist nicht dein Freund. Er wird alle möglichen Dinge vorbringen. Er wird anfangen, Ängste zu produzieren, sogar Ängste über die Vergangenheit, über vergangene Leben, und du wunderst dich, was da vor sich geht. Du wirst manchmal schwarze Räume in deiner Meditation sehen und dich fürchten. Du wirst alle möglichen negativen Zustände in deinem Verstand erleben und das wird dich dazu bringen, eine Weile mit dem Fragen aufzuhören. Erinnere dich immer daran, die meisten Menschen gehen da durch, und die Art und Weise damit umzugehen ist, weiterzufragen: „Zu wem kommt das? Wer sieht das? Wer geht durch all das?" Es ist immer das „Ich". Verweile im Ich und werde frei.

Also wenn man sich in dieser Leere oder Dunkelheit befindet, wie du sagtest, dann fragt man, zu wem diese Leere kommt?
Ja, und sei dir bewusst, dass dich nichts verletzen kann. Es gibt keine Teufel, keine Dämonen und keinen Anti-Christen. Das ist alles mental. Durch die Frage „Zu wem kommt das?" verschwinden sie.

Warum scheint der Verstand immer zum Negativen zu tendieren?
Weil der Verstand versucht, sich selbst vor der Auslöschung zu bewahren. Er will nicht zerstört werden. Deshalb ängstigt er dich. Er wird alle möglichen Tricks ausbrüten, damit du die Selbst-Verwirklichung vergisst. Wer will schon zerstört werden? Der Verstand will mit seinem Unsinn weitermachen. Darum bringt er manchmal alle möglichen negativen Sachen an, um dich zu ängstigen, damit du mit dem Praktizieren aufhörst. Manchmal wird er dir auch wundervolle Dinge zeigen. Er wird dir sagen: „Du brauchst das nicht. Schau, was du hast! Du hast all diese wunderbaren Leute um dich und alles, was du dir im Leben wünschst. Diese Lehre ist nur für negative Leute." Dein Verstand wird alles versuchen. Er wird alle möglichen Spiele mit dir spielen. Bleibe bei der Selbst-Befragung.

WER PRAKTIZIERT SADHANA?

Der einzige Weg, wirklich frei zu werden ist, euch ganz hinzugeben, euch ganz aufzugeben. Ihr beginnt, die Welt sich selbst zu überlassen. Ihr hört auf, auf Personen, Orte oder Dinge zu reagieren und fangt an, an euch selbst zu arbeiten. Ihr beginnt irgendeine Art von Sadhana, spirituelle Praktiken. Ihr seid sehr an Spiritualität interessiert. Ihr macht das aus keinem besonderen Grund. Ihr tut es einfach nur, weil ihr fühlt, dass ihr es tun wollt. Ihr werdet vielleicht mit Hatha Yoga anfangen und alle möglichen Positionen lernen, Asanas. Dann, vielleicht schon nach einigen Jahren, seid ihr dieser Verrenkungen müde und ihr beginnt mit Raja Yoga, der Kontrolle des Verstandes, Ashtanga Yoga, dem achtfachen Pfad, Pranayama, Atemübungen. Egal welcher Religion ihr angehört, ihr sucht nach dem Mysterium in der Religion. Als Jude wirst du die Quaballah lesen. Als Christ wirst du christliche Mysterien lesen. Wenn du islamisch bist, wirst du die Sufis lesen. Alles führt zum selben Ziel.

Wenn du ehrlich und wahrhaftig bist, wirst du einen Punkt erreichen, an dem du dich fragst: „Wer ist es, der durch all das geht?" Dann bist du endlich soweit, dass du Selbst-Befragung praktizieren kannst. „Wer ist es, der all diese Dinge getan hat?" Du beginnst dich selbst zu beobachten, du beginnst zu denken: „All die Jahre habe ich diese verschiedenen Methoden praktiziert. Aber wer hat praktiziert? Wer hat all das getan?" Und eines Tages wird etwas dir sagen: „Ich. Ich habe praktiziert. Ich habe alle diese Dinge getan." Irgendetwas schickt dich auf die Suche nach dem Ich. Was ist dieses schwer zu fassende Ich, das all diese Jahre alles mögliche praktiziert hat, versucht hat, den Körper zu perfektionieren, das Selbst, das persönliche Selbst? Und du beginnst, still zu werden. Du beginnst, die Stille zu genießen. Du fängst an, für längere Zeit ruhig zu sitzen und nach dem Ich zu suchen, indem du fragst: „Zu wem kommt dieses Ich? Wo kommt dieses Ich her? Wer bin ich? Was ist die Wahrheit über mich?"

Irgendwann erkennst du: Solange du in das Tun verwickelt bist, bist du der Handelnde. Aber wenn das Ich beseitigt ist, wird alles von alleine geschehen. Du fängst an, das zu verstehen und folgst dem Ich zur Quelle, zum spirituellen Herzen, zum Bewusstsein.

Vergiss das alles. Wünsche es dir nicht einmal. Mache einfach die Arbeit, und du wirst überrascht sein. Je mehr du es willst, desto mehr wird es sich dir entziehen. Und das ist natürlich, weil du dir selber hinterherläufst. Du versuchst dich selber zu fangen, obwohl du bereits gefangen bist. Je mehr du dich selber jagst, desto schneller wirst du vor dir selbst wegrennen.

Höre auf damit. Es ist wirklich so einfach.
Daran ist wirklich nichts Intellektuelles. Du musst keine
speziellen Worte oder Phrasen kennen und dir keinen besonderen Text einprägen. Du musst dich nur an das Ich erinnern.
Verweile im Ich. DAS IST ALLES, WAS DU TUN MUSST.
VERWEILE IM ICH. HALTE DICH AN DAS ICH. Alles ist
an das Ich gebunden, dein Körper, die Welt, das Universum.
Wenn du die Quelle des Ich entdeckst, wird alles andere mit
ihm im Ozean der Glückseligkeit verschwinden. Glückseligkeit
ist das natürliche Ergebnis deiner Suche. Wenn du aufhörst zu
suchen und ruhig wirst und deine Bücher wegpackst und dich
selbst konfrontierst und siehst, was du wirklich bist, dann wird
dich das schneller weiterbringen als alles, was du dir je vorstellen oder tun kannst. Es liegt nicht im Singen von Mantren. Es
hat nichts damit zu tun, gut oder böse zu sein oder zu büßen.
Es geht einfach darum, dein Ich zu beobachten, im Ich zu verweilen. „Wo kam Ich her?" Wenn du das sagst, meinst du nicht,
wo kam dein Körper her. Du sagst, wo kam „Ich" her. Ich.
Ich ist getrennt von deinem Körper. Dein Körper ist an das
Ich gebunden. Das Ich ist nicht dein Körper. Ich ist getrennt
von der Welt, aber die Welt ist an das Ich gebunden. Gott ist
getrennt von der Welt, aber Gott ist an das Ich gebunden.
Wenn du fragst: „Wo kam Ich her?", dann geschieht etwas mit
deinem Verstand. Er wird schwächer und schwächer. Und wenn
das geschieht, beginnt das Ich sich auszudehnen und allumfassend zu werden. Dann wird das Ich ein anderes Wort für das
Selbst, und du beginnst zu erkennen, dass das Ich nichts anderes ist als das Selbst. ICH BIN DAS. Du wirst frei.
Es ist nicht schwer und es ist nicht leicht. Es ist einfach.
Denke einen Moment lang an dich selbst. Beobachte, welche
Gedanken zu dir kommen, während du an dich selbst denkst.
Einige von euch sagen: „Ich habe Hunger", andere denken an
alle möglichen Bedürfnisse. Sobald du an dich selber denkst,
denkst du an deinen Körper. Aber dein Selbst ist nicht dein
Körper. Dein Körper ist nur ein Haufen verrottetes Fleisch, aber

du bist das nicht. Du bist ICH. ICH BIN. Ich bin nicht dies und nicht das. ICH BIN. ES GIBT NICHTS ANDERES, NICHTS EXISTIERT AUSSER ICH BIN. Es gibt nichts darüber zu sagen. Es gibt keine Reden über ICH BIN zu halten. Es gibt nur ICH BIN. Wenn du ICH BIN sagst, was geschieht dann? Kommt da nicht eine Ruhe über dich, eine Stille? Denn Stille ist ein anderer Name für ICH BIN.

Jetzt wisst ihr was ich meine, wenn ich euch immer wieder sage: Folgt dem Ich zum Herzen. Wenn ihr das tut, geht ihr durch die Moleküle und die Atome und die subatomaren Teilchen, tiefer und tiefer, zurück zur Quelle, zurück, zurück zur Quelle, zu den Energiewellen, zur Leere – und schließlich ist der gesamte Körper völlig aufgelöst und es gibt nur noch Bewusstsein. Wenn ich sage, es gibt nur noch Bewusstsein, meine ich nicht, dass Bewusstsein etwas von dir Getrenntes ist. Du bist nicht gestorben, du bist nur das, was du schon immer warst. Du bist dieselbe Person, nur dass etwas Wundervolles mit dir geschehen ist. Du erkennst mit deinem ganzen Herzen, mit deiner ganzen Seele, deinem ganzen Wesen, dass du nie der Körper oder der Verstand warst. Du warst nie ein Ego. Du bist immer Bewusstsein gewesen. Du bist voller Glückseligkeit. Du weißt jetzt, was das Wort Sat-Chit-Ananda bedeutet. ICH BIN DAS ICH BIN, die Höchste Einheit, Absolute Realität, Nirvana, sie alle sind dasselbe wie Bewusstsein. Du hast es überwunden. Du bist frei!

Nichts in der Welt wird dich je wieder stören können. Du lachst über den Tod, denn du hast erkannt, dass du nie geboren wurdest. Du hast nie als Körper existiert und du wirst nie sterben. Du bist immer dasselbe, Reines Bewusstsein. Egal ob du einen Körper hast oder nicht. Für dich ist das alles dasselbe. Andere mögen dich anschauen und dein altes Selbst sehen. Deine Familie, deine Freunde sehen dich wie vorher, aber du bist nicht mehr, was du vorher warst. Du bist totales Glück. Du bist das Universum. Du verstehst: All das ist das Selbst und ICH BIN DAS.

FORTSCHRITT AUF DEM WEG

Sehr oft werde ich am Telefon oder persönlich gefragt: „Robert, wie siehst du die Welt?" Wie sollte ich die Welt sehen? Jemand sagt: „Ich weiß, du siehst Bewusstsein, du siehst uns nicht." Wenn ich euch nicht sehen würde, könnte ich nicht funktionieren. Natürlich sehe ich euch. Jemand anderes sagt mir: „Du siehst helles Licht und heilige Bilder." Noch einmal: Wenn ich helles Licht und heilige Bilder sähe, würde ich vom nächsten Lastwagen überfahren werden. Ich sehe genau das Gleiche wie ihr, nämlich nichts. Der einzige Unterschied ist der: Ich sehe mir die Welt an und ich lache, denn ich erkenne, dass ich nicht weiß und dass ich nicht denke.

Ich weiß, dass die Welt nichts anderes ist als ich selbst. Die Welt ist Bewusstsein, sie ist nicht so wie sie erscheint. Der Weise sieht die Welt, aber er weiß, die Welt ist Brahman, sie ist nur eine Erscheinung. Wohingegen die meisten Leute die Welt sehen und sich mit ihr identifizieren. Aus diesem Grund haben sie Ängste, Frustrationen, Schmerzen, Streitereien, Kriege, die Unmenschlichkeit zwischen den Menschen. Nur weil sie sich mit der Welt identifzieren.

Ein gutes Beispiel dafür sind die Schlange und das Seil. Im trüben Licht nimmst du eine Schlange wahr und hast Angst. Aber sobald das Licht heller wird, siehst du, dass die Schlange ein Seil ist. Dieses Seil kann dich nun nicht mehr zum Narren halten. Wann immer du an einem Seil vorbeikommst, weißt du, es ist ein Seil und keine Schlange. Die Schlange steht für die Welt und das Seil für Bewusstsein. Aber dann sagt jemand: „Das ist ein gutes Beispiel, aber wenn ich die Welt anschaue, verändert sich für mich nichts. Es ist nicht so wie bei dir, wenn du das Licht einschaltest und siehst, dass die Schlange nur ein Seil ist. Die Welt bleibt für mich gleich, ob es nun dunkel ist oder hell oder was auch immer. Wie erklärst du das?"

Dies ist wieder mal meine Antwort: Du siehst die Welt wie das Wasser in der Fata Morgana. Das Wasser verändert sich nicht. Wenn du das Wasser in der Fata Morgana zum ersten Mal siehst, versuchst du es zu greifen, aber du greifst Sand. Danach weißt du, dass es eine Fata Morgana ist, aber immer noch als Wasser erscheint. Es ändert sich nicht so, wie die Schlange zum Seil wird. Du wirst immer das Wasser sehen. Du wirst nur nicht länger darauf reagieren. Wenn du zu der Stelle kommst, wo du das Wasser in der Fata Morgana siehst, wirst du lachen, denn du erkennst, dass das Wasser nicht real ist. Genauso sieht der Weise die Welt. Sie kann ihn nicht länger zum Narren halten. Sie ist wie das Wasser in der Fata Morgana. Er nimmt an der Welt teil, aber sie kann ihn nicht mehr zum Narren halten. Die Welt interessiert ihn nicht mehr, denn er ist identifiziert mit dem Selbst, mit Bewusstsein.

Dann kommt ein Pundit vorbei und sagt: „Nun, das sind gute Beispiele, Robert, aber schau es dir mal so an. Wenn ich in der Welt bin, kann ich dich anfassen, ich kann den Laternenpfahl anfassen, ein Auto fahren und ich kann Dinge fühlen. Wohingegen in deinem Beispiel mit dem Wasser in der Fata Morgana, da kann man das Wasser nicht fühlen, weil es nicht existiert. Wie erklärst du das?"

Also muss ich wohl die Traumwelt erklären. In der Traumwelt wirst du geboren, du wächst heran, gehst zur Schule, wirst Doktor, heiratest, bekommst Kinder, wirst alt und stirbst. Nur dass du als Traumbaby geboren wurdest. Und dieses Traumbaby wächst heran und wird Teenager. Es wird Traumdoktor und eine Traumperson, die ein Traummädchen heiratet, und sie haben Traumkinder. Und sie werden alt und sterben. Alles findet nur im Traum statt. Also ihr seht, statt solche dummen Fragen zu stellen, und natürlich könnt ihr damit ewig weitermachen, ist Selbst-Befragung der einfachste und schnellste Weg, um all das Gerede abzuschneiden und die Wahrheit für euch selbst herauszufinden. Denn was für einen Unterschied macht es, was ich sehe? Welchen Unterschied macht es, wie ich Dinge sehe? Warum solltet ihr mir glauben? Die Traumwelt, das Wasser in der Fata Morgana, die Schlange im Seil, das sind großartige

Beispiele, aber ich kann das nicht fühlen, sagt ihr. Ich identifiziere mich mit der Welt und es tut weh, weil die Welt mich berührt, sagt ihr. Dinge berühren mich. Wenn ich die Unmenschlichkeit der Menschen sehe, weine ich. Wenn ich einen lustigen Film sehe, lache ich. Wenn ich vom Leben das bekomme, was ich will, bin ich glücklich. Wenn nicht, bin ich traurig. Deshalb bringen mir all die Dinge und Beispiele, über die du sprichst, überhaupt nichts.

Nun, das ist eine intelligente Beobachtung. Du solltest jedoch Buchwissen nicht einfach blind annehmen. Du solltest niemandes Erfahrungen einfach übernehmen. Du solltest deine eigene Wahrheit entwickeln. Ich kann sagen, die Welt ist Brahman und Brahman ist die Absolute Realität, Absolute Realität ist Reines Gewahrsein und so weiter und so fort. Was bedeutet das für dich, wenn du im Schmerz bist? Da geschehen Dinge in deinem Leben, die du sehr ernst nimmst. Und du verstehst nicht, dass dein Körper durch sein Karma geht und das nicht das Geringste mit dir zu tun hat. Du identifizierst dich mit der Konditionierung. Das ist die erste Wahrheit, die du dir selber eingestehen musst.

Mache dich nicht verrückt, indem du versuchst, all diese großen Wahrheiten im Gedächtnis zu haben. Das allein genügt nicht. Du und ich, wir alle kennen eine Menge Leute, die Bücher von Nisargadatta, Ramana Maharshi und anderen auswendig kennen und sie von vorne bis hinten zitieren können. Aber sobald jemand sie anschubst, werden sie wütend. Sobald sie hören, dass sie ihren Job verlieren werden, fangen sie an zu weinen und sich Sorgen zu machen. Es scheint, als wenn Bücher ihnen nur solange gut tun, wie die Dinge so sind wie sie es wollen. Dann können sie aus den Büchern zitieren. Aber sobald ihre Welt zusammenbricht, werfen sie die Bücher weg. Sie glauben kein Wort von dem was sie gelesen haben. Bis die Dinge sich wieder bessern, dann kaufen sie wieder neue Bücher (Gelächter). Dann geschieht wieder irgendetwas, und die Bücher fliegen durchs Zimmer und sie sagen: „Das ist alles Unsinn!"

Aber dann wird es wieder besser und sie kaufen wieder ein neues Buch. Und so geht es immer weiter. Wahrscheinlich spreche ich über einige von euch. Wann werdet ihr endlich erwachsen? Nur deine eigene Erfahrung zählt, nicht, was du liest. Was ist, wenn du eine Wahrheit kennenlernst, die neu für dich ist? Dann kannst du eben sagen, dieser Lehrer erklärt es auf diese Art und jetzt kann ich es aus verschiedenen Blickwinkeln sehen. Ich muss euch noch einmal daran erinnern: Die Wahrheit intellektuell zu kennen nützt euch gar nichts. Ihr könntet genauso gut LSD nehmen. Weil ihr euch da nur hineinsteigert. Und dann, sobald euch etwas begegnet, was ihr nicht mögt, werdet ihr zum Schwachsinnigen, ärgerlich, verrückt, schlecht gelaunt. Ihr wollt wissen, ob ihr Fortschritte auf dem Weg macht? Wann seid ihr das letzte Mal wütend geworden? Wann hat euch das letzte Mal eine Sache etwas ausgemacht? Wann habt ihr das letzte Mal gedacht, die Welt tut euch weh? Wann wart ihr das letzte Mal begeistert über etwas Gutes, das euch passiert ist? Das zeigt euch, ihr seid immer noch im Besitz menschlicher Eigenschaften. Ihr seid noch nicht darüber hinausgegangen.

Du kannst dich nicht in ein Buch flüchten. Viele Leute schalten den Fernseher an, wenn es ihnen nicht gut geht und sie nicht denken wollen. Leute auf dem spirituellen Weg werden stattdessen ein spirituelles Buch öffnen. Das ist genauso als wenn ihr den Fernseher einschaltet, nur dass ihr spirituelle Wahrheiten aufnehmt. Ich will nicht sagen, dass dies nicht besser ist als fernsehen. Natürlich ist es besser. Aber ihr könnt das tausend Jahre machen und werdet kaum einen Fortschritt feststellen. Wie macht ihr Fortschritte? Indem ihr Bücher nur als Hilfsmittel benutzt. Indem ihr die Methoden praktiziert, die ich euch erkläre. Indem ihr Selbst-Befragung übt. Indem ihr euch selbst im Alltag beobachtet und nicht reagiert. Beobachtet, wie ihr depressiv oder ärgerlich werdet. Lehnt es nicht ab, beobachtet es nur. Und wenn ihr euch auf diese ruhige Art richtig beobachtet, könnt ihr euch fragen: „Wer wird ärgerlich? Wer ist depressiv?" Macht weiter damit. Macht das immer und immer und immer wieder, so oft wie es nötig ist. Eines Tages werden der Ärger und die Depressionen euch verlassen, die Gedanken werden euch verlassen und ihr werdet nur noch SEIN. Bis das geschieht, mache dir nichts vor. Maya ist sehr mächtig. Maya ist die scheinbare Realität der Welt. Solange du glaubst, du seist der Körper, wird die Welt sehr real für dich sein. Darum musst du zuerst an dir selbst arbeiten. Erinnere dich, dein Körper sowie das gesamte Universum sind eine Manifestation deines Verstandes. Wenn also dein Verstand sich aufzulösen beginnt, werden es auch dein Körper und das Universum tun. Erinnere dich auch: Wenn alles sich auflöst, wirst du nicht Bewusstsein sehen, wie ich schon am Anfang sagte, du wirst nicht herumgehen und leeren Raum sehen. Jemand hat mir sogar erzählt, er hätte in einem Buch gelesen, dass der Weise in einem Nebel geht und nebelähnliche Leute sieht. Wo haben sie diese Ideen her?

Ich möchte euch noch einmal daran erinnern: Der einzige Unterschied zwischen dem Weisen und euch ist, ihr seht die Welt und identifiziert euch damit. Ihr glaubt, sie sei real. Der Weise sieht die Welt und weiß, sie ist eine Erscheinung im Bewusstsein. Also identifiziert er sich mit Bewusstsein.

Robert, du hast über Bücher gesprochen und wieviel Fortschritt man auf dem Weg macht. Viele Lehrer und Bücher reden über Theorien, aber es wird nicht viel Wert auf Übungen gelegt. Tatsächlich, wenn man sich diese Bücher anschaut, sprechen sie über all die verschiedenen Theorien und wie das Eine mit dem Anderen zusammenhängt. Aber es wird kaum auf das tatsächliche Praktizieren von dem eingegangen, worüber sie reden. Und wir können auch nicht wirklich wissen, wieviel Fortschritt wir machen. Fortschritt kann daher eine zweifelhafte Sache sein. Einerseits mag es so scheinen, als wenn Dinge sich verbessern und man ein besseres Verständnis hat. Andererseits kann es sein, dass Dinge intensiver werden und man nicht sagen kann, wo man steht, bevor alles vorbei ist.

Während du durch das Auf und Ab des Lebens gehst, ist das was du sagst richtig. Aber wenn du im Ich verweilst, werden die Probleme der Welt dich nicht so sehr berühren und du wirst scheinbar leichter durchs Leben segeln.

Aber wie du sagtest, werden die Dinge manchmal intensiver. Dinge werden intensiver, aber für wen? Du verweilst im Ich und beobachtest all diese Dinge, durch die du gehst. Du wirst feststellen, dass sie dich nicht mehr so berühren wie vorher. Sie haben nicht mehr so viel Bedeutung. Es ist, als ob du in einem Feuer bist, aber es verbrennt dich nicht so stark, weil du im „Ich" verweilst.

Manchmal kann es doch sein, dass man das tut und sich dessen nicht bewusst ist. Man denkt, man ist derselbe, wenn man es eigentlich gar nicht genau sagen kann. Manchmal kann man es sagen. Aber wenn du im „Ich" verweilst, wirst du nicht so sehr davon berührt. Du beobachtest, wie die Dinge kommen und gehen. Du wirst eine höhere Warte einnehmen, indem du beobachtest und nicht reagierst. Daher ist es das Sicherste, immer im „Ich" zu verweilen.

Einige von euch wundern sich, warum sie so wenig Fortschritt auf der spirituellen Reise machen. Das ist nicht schwer zu erkennen. Schaut euch euer Glaubenssystem an. Schaut, wie ihr lebt. Einige von euch haben Angst vor Veränderungen. Ihr wollt, dass Euer Leben für immer so bleibt wie jetzt. Ihr wisst, das ist unmöglich. Wenn ihr Angst habt, Veränderungen vorzunehmen, wird das Leben eines Tages kommen und den Teppich unter euren Füßen wegziehen und dann müsst ihr etwas ändern.

Alles was euch zurückhält, all eure so genannten Sicherheiten, denkt darüber nach. Was sind eure Sicherheiten? Essen? Das andere Geschlecht oder das gleiche Geschlecht, was immer ihr vorzieht, oder gar kein Geschlecht? All das hält euch zurück.

Oder die Mitarbeit in irgendeiner Bewegung, die versucht, die Welt zu verbessern. Auch das hält euch zurück.

Nun werden sich einige von den neuen Leuten hier möglicherweise etwas seltsam fühlen, wenn ich solche Dinge sage. Denn ihr sagt: „Müssen wir nicht der Welt helfen?" Ihr sollt herausfinden, wer ihr selber seid. Euer erster und wichtigster Job ist, aufzuwachen. Dann werdet ihr sehen, ob ihr der Welt helfen wollt. Welcher Welt?

Aber wacht zuerst auf. Je mehr ihr euch bei Friedensbewegungen oder Anti-Friedensbewegungen oder diesem oder jenem einlasst, desto mehr werdet ihr in die Materie hineingezogen. Das sind alles lobenswerte Dinge. Besser als Bankräuber zu sein, würde ich sagen. Wenn ihr also etwas tun müsst, dann helft anderen Leuten, keine Frage. Aber erinnert die Wahrheit. Ich muss mich selber finden, solltet ihr sagen.

Du musst dich nicht auf Kosten anderer selber finden, das wäre falsch. Aber sei mit dir selbst, so oft du kannst. Erkenne, dass dies dein Leben ist. Es ist nicht das Leben deines Ehemannes. Es ist nicht das Leben deiner Ehefrau. Es ist nicht das Leben deiner Kinder. Es ist nicht das Leben deiner Verwandten. Es ist dein Leben. Du existierst hier und jetzt. Was machst du damit? Wie kannst du anderen erlauben, dich wütend zu machen? Wie kannst du anderen erlauben, dir zu sagen, was du tun sollst? Entscheidungen für dich zu treffen? Alle Antworten sind in dir selbst. Aber du musst dich nach innen wenden. Du musst dich aufrichtig und leidenschaftlich nach innen wenden. Finde dich selbst.

Die Welt erscheint sehr mächtig. Menschen erscheinen sehr real. Einige von uns scheinen ständig in alle möglichen Situationen verwickelt zu sein. Doch wenn du dir dein Leben anschaust, wirst du sehen, warum du dich verwickelst. Schau dich ehrlich an. Habe keine Angst, dich selbst zu sehen. Sieh die Dinge, die du tust, die Worte, die du sprichst, die Gedanken, die du denkst. Und du wirst sehen, warum du nicht allzu viele Fortschritte machst.

Nun, wenn du wirklich Fortschritte machen willst, dann solltest du mental alles fallen lassen. Denke daran, wenn ich sage, alles fallen zu lassen, dann meine ich nicht, dass du deinen Job aufgibst, nach Indien gehst, keine Bücher mehr liest oder kein Fernsehen mehr schaust. Davon spreche ich nicht. Ich spreche davon, mental alle Reaktionen auf das, was in deinem Körper oder in der Welt vor sich geht, loszulassen.

Lass die Welt in Ruhe. Lass andere Leute in Ruhe. Versuche nicht, andere zu verändern oder sie dazu zu bringen, deine Sichtweise anzunehmen. Es gibt keine Sichtweise. Jede Sichtweise ist falsch. Wir wollen Sichtweisen loswerden.

Du musst ehrlich aufwachen wollen. Ich mache keinen Spaß. Aufzuwachen ist einfach. Du musst nur mental alles aufgeben. Das ist alles. Und bedenke die Tatsache, dass alles Bewusstsein ist. Alles. Nichts ist das, als was es erscheint, eingeschlossen du selbst.

Es gibt viele Menschen, die so bleiben wie sie sind und ständig über etwas außerhalb von sich selbst reden. Sie versuchen, die Welt zu verändern. Sie versuchen, die Welt als Bewusstsein zu sehen. Alles lässt sie kalt. Sie werden gleichgültig den Menschen gegenüber. Das ist nicht richtig.

Beginne bei dir selber. Schau dir ehrlich deine Gewohnheiten an, sieh die Dinge, die du tust. Kümmere dich nicht um andere Leute. Denke daran: Du erschaffst andere nur mit deinem Verstand. Jeden Einzelnen in deinem Leben hast du selbst erschaffen. Wo sollten sie sonst herkommen? Du bist der Erschaffer, und alle Dinge in deinem Leben sind deine Kreationen. Du hast das unbewusst so geschaffen.

Karmisch gesehen hast du jeden in dein Leben geholt, der gerade jetzt in deinem Leben ist. Du denkst bestimmte Gedanken auf bestimmte Art und Weise und ziehst damit bestimme Leute in deinem Leben an. Wenn dein Verstand voller Gemeinheiten, voll von schlechten Gedanken ist, wirst du genau solche Leute in dein Leben ziehen. Und dann wirst du sagen: „Es ist eine schlechte Welt. Man kann niemandem vertrauen."

Aber es beginnt mit dir. Du musst dir ehrlich die Dinge anschauen, die dich von deiner eigenen Verwirklichung abhalten. Und du musst gewissenhaft an dir arbeiten, bis die Zeit kommt, wo das nicht mehr nötig ist.

Hingabe

Es gibt wirklich nichts zu sagen. Worte sind überflüssig.
Ich benutze Worte nur, damit du
die Stille in den Worten entdecken kannst.
Stille ist Wahrheit. Wahrheit kann nicht mit Worten erklärt werden.
Worte werden bedeutungslos, unnötig.

Die Wahrheit kommt von allein zu dir, wenn du dich
durch tiefe Hingabe an dein Selbst darauf vorbereitest,
alle Anhaftungen aufgibst, deinen Körper,
deinen Verstand und alles, was dir wichtig erscheint.
Solange du an irgendetwas festhältst,
wird die Wahrheit vor dir ausweichen.
Die Wahrheit erscheint nur, wenn du dich selbst aufgibst,
wenn du dein Ego, deine Bedürfnisse und Wünsche aufgibst,
deine Versuche, etwas geschehen zu machen.
Wenn du aufhörst, Selbst-Verwirklichung erreichen zu wollen.
Wenn du einfach aufgibst.

Dann geschieht etwas Wunderbares.
Du dehnst dich aus.
Nicht dein Körper, sondern das Bewusstsein, das du bist.
Du wirst allumfassend, Absolute Realität.
Es geschieht von allein.

Wem gibst du dich hin?

Wem sollte ich mich hingeben, Meister?
Deinem Selbst. Dem Selbst, welches allgegenwärtig ist, allwissend, allmächtig. Dem Selbst, welches allumfassend ist,

Größtmögliche Einheit, Reines Gewahrsein, Sat-Chit-Ananda, Parabrahman. Gib dich diesem Selbst hin, denn du bist in Wahrheit Das.

Du wirst überrascht sein, das zu hören. Genau das wirst du tun. Während du arbeitest, während du Geschirr abwäschst, während du fernsiehst: Erinnere dich immer daran, dich hinzugeben. Und eines Tages wird der innere Guru deinen Verstand nach innen zur Quelle ziehen und du wirst erwachen. Du wirst befreit. Du wirst dein Selbst. Dann bist du frei.

Es gibt in dieser Welt oder sonstwo nichts, das dich beeinflussen oder dir schaden kann, solange du nicht daran glaubst. Die Entwicklung der Welt besteht aus mentalen Glaubenssätzen. Alles was du wahrnimmst, ist eine Projektion deines Verstandes, und weil es sich ständig verändert, kannst du nicht sagen, dass es die Realität ist. So ist z.b. dein Körper nicht mehr der Gleiche wie vor zehn oder vor zwanzig Jahren oder als du gerade gezeugt wurdest. Wie kannst du also sagen, dein Körper sei real?

Die Welt ist nicht mehr die Gleiche, die sie vor zwanzig Jahren war. Alles hat sich verändert. Wie kann man also meinen, die Welt sei real? Die meisten von uns fürchten sich davor, sich mit diesem Thema zu befassen, denn dann wird uns klar, dass nichts von Dauer ist, und das macht Angst. Wenn nichts von Dauer ist, wer bin ich dann wirklich? Was bin ich? Wo kam ich her? Was ist mein Ursprung? Diese Fragen kannst nur du selber beantworten.

Es gibt da etwas, das viel schöner, großartiger, wunderbarer ist als du dir je vorstellen kannst, und es existiert in dir, es ist der Grundstoff aller Existenz. Doch um diese Freude, diese Glückseligkeit zu fühlen und totale Freiheit von aller so genannten Last des Lebens zu finden, musst du für dich selber graben. Du musst etwas aufgeben. Du kannst nicht bleiben wie du bist, mit den gleichen Veranlagungen, den gleichen Werten, den gleichen vorgefassten Ideen, den gleichen Konzepten – und

gleichzeitig frei sein. So geht es nicht. Du musst eine Kehrtwendung machen und all deine Ideen über das Leben aufgeben, dein Ego, deinen Verstand, deinen Körper, deine vorgefassten Meinungen total hingeben. An wen gibst du das alles
hin? An dein Selbst. Dein Selbst wird sagen, an Gott. Aber wer
glaubst du, ist Gott? Gott ist nicht an deinen Problemen interessiert. Warum solltest du Gott deine Last aufbürden? Finde heraus, wer dieser Gott ist, wo dieser Gott herkam, und du
wirst bald erkennen, dass du dir Gott als Abbild deiner selbst
geschaffen hast. Es gibt diesen Gott nicht, aber er ist besser als
nichts. Es ist gut zu wissen, dass es irgendwo diesen großen Papi
gibt, bei dem du weinen kannst, den du anschreien kannst und
dem du die Schuld an all deinen Problemen geben kannst.
Doch wenn wir wachsen, uns öffnen, den Kram loslassen, an
dem wir so lange festgehalten haben, dann wird etwas geschehen. Wir werden leichter, die Last scheint von allein zu verschwinden.

Die einzige Last, die du je hattest, ist dein Verstand. Es gibt
keine andere Last. Schau, ob du deinen Verstand für einige
Sekunden anhalten kannst und du wirst sehen, wie friedvoll du
bist. Wenn keine Gedanken da sind, sind auch keine Ängste
da, keine Sorgen, keine Wünsche, keine Gier, kein Schmerz,
keine Feinde. Es ist der Verstand, es sind die Gedanken, die
diese Dinge zu uns bringen. Wir erschaffen tatsächlich diese Zustände selbst. Wir erschaffen unsere eigene Realität. Denke an
das Leben, das du heute führst, deinen Besitz, deine Freunde,
deine Familie, deine Arbeit. Begegnen dir diese Dinge durch
Zufall oder Glück? Natürlich nicht. Du hast all diese Dinge
selbst erschaffen. Denn du hast an das falsche Selbst geglaubt,
du hast dir vorgestellt, ein menschliches Wesen zu sein, das
durch diese Erfahrungen gehen muss. Von Anfang an bist du
einer Gehirnwäsche unterzogen worden, um an all das zu glauben, was du heute glaubst.

BEFREIUNG EXISTIERT IN DIR SELBST

Wenn du wirklich Freiheit willst, Befreiung, dann suche nicht danach. Man kann sie nirgendwo finden. Denn sie existiert schon längst in dir selbst. Du bist schon Das, wo willst du also danach suchen? Wer kann es dir geben? Wenn du Wasser willst, drehst du den Hahn auf. Du schaust nicht den Hahn an und heulst und schreist: „Ich will Wasser." Du drehst den Hahn auf und du hast Wasser. Doch als kleines Kind wusstest du nicht, wie man den Wasserhahn aufdreht. Damals hast du, wenn du etwas trinken wolltest, geweint und Theater gemacht, so dass deine Mutter oder dein Vater den Hahn aufgedreht und dir zu trinken gegeben haben. Kannst du von der Quelle des ewigen Lebens trinken, welche deine Wahrheit ist? Du musst nur den Hahn aufdrehen. Du drehst den Hahn auf, indem du alles loslässt was du bist. ALLES. Wenn ich alles sage, meine ich alles. Du musst dein Inneres nach Außen kehren. Kannst du dir vorstellen, wie du mit deinem Innersten nach Außen gekehrt aussähest? Es wäre kein hübscher Anblick.

Die meisten Advaita Vedanta-Anhänger glauben, wenn sie das richtige Wort hören und durch die Gnade eines Weisen erwachen würden, seien sie frei. Das mag in einigen Fällen stimmen. Aber diese Leute, über die ihr in den heiligen Büchern gelesen habt, die von der Gnade eines Weisen berührt wurden, diese Leute haben ihre Hausaufgaben gemacht – vor diesem Geschehen. Ihr müsst es selber wollen, und wenn ihr es stark genug wollt, dann wird auch etwas für euch geschehen. Wenn ihr euch Befreiung mehr als alles andere im Leben wünscht, dann beginnt ihr, euch von all dem Zeug, über das wir gesprochen haben, zu trennen. Das ist der einzige Weg, Befreiung zu wünschen. Und das ist ein legitimer Wunsch, denn eigentlich bittest du nicht um etwas, du lässt nur das Zeug los, das du nicht mehr brauchst: Deinen Ärger, deine Kleinlichkeit, deine miesen Zustände, deine Launen, deine Gier, alles, was du so lange mit dir herumgetragen hast.

So wünschst du dir Befreiung, indem du zum Herrn in dir selbst sprichst. Das ist totale Hingabe. „Herr, nimm all meinen Ärger, meine Gier, meine miesen Zustände, meine Launen", und gib alles total auf. Sobald du das tust, bist du automatisch frei. Du siehst, es geht nicht andersherum, es geht nicht darum, Frieden, Befreiung, Selbst-Verwirklichung zu finden, um sie dem was wir schon sind hinzuzufügen. Du kannst nicht ein Jota dem hinzufügen, was du schon bist, weil du mit deinem eigenen Müll abgefüllt bist. Darum musst du den Mülleimer ausleeren, dich auf den Kopf stellen und ihn leermachen, dann wirst du herausfinden, dass du schon frei bist.

Sogar jetzt, wenn ich über all diese Dinge zu euch spreche, sind einige von euch so voll mit sich selbst, mit kleinem „s", mit dem Ego, dass ihr niemals, niemals, niemals völlig loslassen und all euer Zeug aufgeben werdet. Denn euer Ego hat euch all die Jahre gewarnt, wenn ihr das machen würdet, dann würdet ihr nirgendwo landen. Aber ist das nicht genau wo ihr sein wollt? Nirgendwo! Wenn ihr nirgendwo seid, seid ihr nicht irgendwo, und in dem Nirgendwo ist nichts. Dieses Nichts ist alles. Dieses Nichts ist das, was wir Müheloses, Reines Gewahrsein nennen, Absolut Reine Wirklichkeit, Sat-Chit-Ananda, Nirvana. Es ist das was übrig bleibt, nachdem du all deinen Kram aufgegeben hast.

NIMM ZUFLUCHT IN DIR SELBST

Du musst selbst herausfinden, was du wirklich bist, und das machst du naturgemäß, indem du aufhörst, dich mit dem Körper zu identifizieren. Reagiere nicht mehr auf Umstände. Das bedeutet, du selbst zu sein. Es geht nicht um das Kennen von Worten, Paragraphen oder Phrasen. Es geht nicht um das Auswendiglernen von Schriften und den Versuch, andere damit zu beeindrucken. Es geht darum, du selbst zu sein. Und um du selbst zu sein, brauchst du nur den Denkprozess anzuhalten.

Denke immer daran, es sind die Gedanken, die dich abhalten, du selbst zu sein. Jeder Gedanke, der dir kommt, ist dein Feind. Sogar die guten Gedanken. Denn gute Gedanken führen dich einfach nur in die Irre. Dein Verstand trickst dich aus. Die guten Gedanken wollen dich glauben machen, dass diese Welt real ist und dass du nach bestimmten Dingen streben solltest, dass du die Welt genießen und sie nehmen solltest wie sie ist. Aber dann gerätst du unter das Gesetz der Veränderung. Und du bist desillusioniert, weil in deinem Leben nach einer Weile alles nicht mehr dasselbe ist. Dann musst du in dich selber zurückspringen und im Selbst Zuflucht nehmen. Nur wenn du im Selbst Zuflucht nimmst, wirst du glücklich. Wenn du im Selbst Zuflucht nimmst, findest du Frieden. Wenn du im Selbst Zuflucht nimmst, findest du Harmonie, findest du Freude.

Es ist ein Mysterium für mich, weshalb Menschen Zuflucht in der Außenwelt suchen, in Personen, Orten, Dingen, wo ihr doch wisst, dass die Außenwelt dem Gesetz der Veränderung unterliegt und nie die Gleiche bleibt. Wozu auch immer du Zuflucht nimmst, es wird dich enttäuschen, sei es eine Person, ein Ort, ein Ding.

Da war einmal ein junges Mädchen, das in einem Bordell aufwuchs. Zu dem Zeitpunkt war das ihre Bestimmung. Sie kam nicht davon weg. Aber sie hat immer zu Ramana Maharshi gebetet: „Oh Herr, wenn ich diesen Weg gehen muss, sei mit mir. Ich bete nicht darum, dass mein Leben sich ändert, wenn dies meine Bestimmung ist. Aber ich bete darum, dass deine Stärke und deine Liebe immer mit mir sein mögen."

In ihrer Nähe lebte ein so genannter Jnani. Er stand auf dem Marktplatz und erzählte allen, dass sie Bewusstsein seien, Absolute Realität, und er predigte und schrie. Das ging Jahre so. Schließlich starben sie beide und standen vor Gott. Gott sagte zu dem Mädchen: „Du musst zurück zur Erde und ein Jnani sein." Und zu dem ehrgeizigen so genannten Jnani sagte er: „Du musst als Schlange zurück zur Erde."

Der Mann erwiderte: „Warum, Herr? Ich habe immer deine Tugenden gepriesen. Ich habe allen gesagt, sie seien Bewusstsein und Absolute Realität, und nun schickst du mich als Schlange zurück. Was habe ich getan?" Und Gott antwortete ihm: „Du hast kein Herz. Du kommst von der Sprachschule. Alles was du je mit deinem Leben gemacht hast, war reden, reden, reden. Aber dieses Mädchen hat mir ihr Herz gegeben. Sie hat sich mir hingegeben. Sie hat ihr Schicksal nicht beklagt. Sie wollte nur, dass ich mit ihr bin in all ihrer Last und ihrem Kummer. Ich gab ihr die Kraft, durchzuhalten, und jetzt ist sie frei. Aber du musst immer noch eine Menge lernen. Darum musst du als Schlange zurückgehen."

Das gibt uns zu denken. Was machen wir wirklich mit unserem Leben? Wir lesen eine Menge Bücher, sehen eine Menge Lehrer, haben viel Wissen im Kopf. Aber wie viele von uns haben Gott ihr Herz gegeben? Und Gott ist nicht weit weg. Gott ist in Wirklichkeit das Selbst. Aber um mit diesem Selbst in Kontakt zu kommen, musst du viel Demut haben. Um Gottes Gnade zu fühlen, musst du dich völlig hingeben. Du musst die Haltung haben: „Ich weiß nichts. Du bist alles." Diese Art von Haltung wird dich befreien.

Aber wie viele von uns haben eine solche Haltung? Viele von uns wollen ein Jnani werden, Selbst-Verwirklichung erreichen. Sie werden stolz und in Wirklichkeit egoistischer als sie es je vorher waren. Sie sind scheinheilig. Das wird nie zu etwas führen. Es gibt keinen wirklichen Unterschied zwischen einem Bhakti und einem Jnani. Der eine gibt sich Gott hin und hat kein anderes Leben. Er erkennt, was immer er auch tut, es ist wirklich Gott, der das tut. Daher ist es gut. Er beklagt sich nie. Er denkt nie an seine Probleme. Er denkt eher an andere und deren Probleme als an seine eigenen. Und der andere erkennt, dass das Ich für alle Probleme verantwortlich ist. Er verfolgt das Ich zurück zu seiner Quelle, dem Herzen und er ist frei. An diesem Punkt verschmelzen Bhakti und Jnani ineinander. So ist der Bhakti ein Jnani und der Jnani ein Bhakti.

Deshalb seid vorsichtig, wenn ihr einen Lehrer seht, der denkt, er sei besser als andere und der egoistisch zu sein scheint. Die meisten Jnanis werden überhaupt keine Lehrer, und sie haben sehr wenig zu sagen. Denn was gibt es schon zu sagen?

EINFACH NUR ZU SEIN IST GENUG

Einfach nur zu sein ist genug. Nicht dies sein, nicht jenes sein, nur sein. Im Satsang sein. Und ob ich über Eiskrem oder Bonbons rede macht keinen Unterschied. Die Worte selber haben ihren Wert, denn der Klang der Worte ist die Gnade, die ihr fühlt. Aber die Bedeutung der Worte wird vom Verstand interpretiert. Daher wird alles was ich sage von jedem von euch anders verstanden. Denn es wird durch euren Verstand gefiltert. Euer Bewusstsein und euer Sein vermischen sich mit den Worten, und die Worte werden von eurem Lebensstil gefärbt. Aber wenn ihr ohne Verstand zuhört, dann erkennt ihr die wahre Bedeutung. Mit anderen Worten: Legt nicht zuviel Bedeutung in das, was ich sage. Öffnet eurer Herz, so dass der Anteil an Gnade eintreten kann und ihr die Gnade nehmen und euch an ihr aufrichten könnt. Wie ihr das macht? Einfach indem ihr still seid und alle mentalen Aktivitäten anhaltet. Das könnt ihr mit irgendeiner der Methoden tun, die ihr kennt. Wenn ihr Pranayama mögt, dann macht das. Wenn ihr Vipassana Meditation mögt, macht das. Oder ihr könnt euren Atem beobachten. Wenn ihr Selbst-Befragung üben wollt, tut das. Mit anderen Worten: Tut, was immer ihr tun müsst, um euren Verstand vom Denken abzuhalten. Vichara, Selbst-Befragung ist nur dazu da, euren Verstand vom Denken abzuhalten. Das ist alles. Alle Yogaübungen führen zu dem Punkt, wo das Denken aufhört. Alle höheren Religionen helfen euch, die Gedanken auf einen Punkt zu reduzieren. Und wenn euer Verstand anhält, werdet ihr zum Selbst. Ihr seid frei.

Ihr müsst durch keine Rituale gehen. Ihr müsst euch nicht selbst strafen und versuchen, eure Schuldgefühle loszuwerden, eure Samskaras oder sonst etwas. Die Identifikation mit dem leeren Verstand reicht aus. Aber der leere Verstand ist nicht Verwirklichung. Es ist der Schritt vor der Verwirklichung. Verwirklichung ist nicht ein leerer Verstand. Verwirklichung kann nicht erklärt werden. Es sollte reichen, wenn ich sage, dass Verwirklichung jenseits von allem und jedem ist, was ihr euch je vorstellen könnt. Aber wenn ihr einen leeren Verstand erreicht, dann seid ihr auf dem Weg zur Verwirklichung. An diesem Punkt wird der innere Guru euch nach innen ziehen und ihr werdet zum Selbst erwachen.

SEI NICHTS

Versuche also als Erstes, Demut zu entwickeln. Öffne dein Herz, sei liebevoll und freundlich. Zweitens, vergiss dich selbst und deine Probleme, als ob sie nie existiert hätten und hilf anderen. Gib anderen von dir selber, weil es nur Ein Selbst gibt und ICH BIN DAS. Drittens, höre auf, Lehrer zu zitieren und zu sagen, ich bin Brahman, ich bin no-mind, ich bin Bewusstsein, denn das bläht nur dein Ego auf.

Du musst aufhören, dich mit irgendjemandem oder irgendetwas zu vergleichen. Mit anderen Worten, du musst Nichts werden und das tut einigen von euch weh. Weil du dir sagst, schließlich bin ich fünfzig Jahre zur Schule gegangen, ich habe einen Beruf, ich mache dieses und jenes. Und jetzt sagst du, ich soll Nichts werden. Bewusstsein ist Nichts, kein Ding. Was du Gott nennst, ist Nichts. Wenn also Nichts gut genug für Gott ist, dann sollte es auch gut genug für dich sein. Kannst du nicht sehen, wenn du zu dir selbst sagst „Ich werde niemals Nichts sein, ich bin Jemand. Ich habe jahrelang studiert, ich bin wichtig", dass es genau das ist, was dich zurückhält? Jeder Weise ist zu dem Punkt gekommen, an dem er die Schriften wegwarf, die

Bücher wegwarf, den Körper und das Wissen und sich selbst mit kleinem „s". Wenn du all das los wirst, dann wirst du zum Selbst.

HINGABE GESCHIEHT IM VERSTAND

Kannst du jetzt sehen, warum es für manche Leute so lange dauert? Weil sie an etwas festhalten. Sie sagen, ich kann dies loslassen, aber das werde ich nie loslassen können. Ich meine nicht, dass du zu einem Punkt kommst, wo dir alles egal ist. Ich meine nicht, dass du deinen Job aufgibst, deine Familie verlässt und sonstwohin gehst. Das alles geschieht im Verstand. Du benutzt deinen Verstand, um diese Dinge zu tun. Dann wendet sich der Verstand in sich selbst hinein und verschwindet ins Herz. Sieh dir also dein Leben an und schau, was dich zurückhält. Woran hängst du? Was ist wichtig für dich in der Welt?

Du kannst nicht beides haben. Du kannst nicht mental an Personen, Orten oder Dingen hängen und gleichzeitig aufwachen. Wenn du Befreiung willst, musst du den Preis dafür zahlen. Und der Preis ist: Loslassen, alles aufgeben, hingeben. Totales Vertrauen haben, dass alles gut ist. Nicht versuchen, zu interpretieren, was „alles ist gut" bedeutet. Erkenne einfach, dass alles am richtigen Platz ist, so wie es ist. Interpretiere es nicht. Es gibt keine Fehler. Wenn du dich mit diesen Dingen zu beschäftigen beginnst, wirst du automatisch einsehen, dass das Letzte, das du dir anschauen musst, das Ich ist. Alles hängt am Ich. Siehst du, wie lange es dauert, dorthin zu kommen? Du musst zuerst alles andere tun. Darum ist es für manche Leute gefährlich, nur allein Jnana Marga als Lehre zu erfahren. Denn es macht egoistische Leute nur noch egoistischer. Es baut dein Ego auf. Zuerst musst du Demut lernen und all die Dinge durchstehen, über die wir gesprochen haben. Wenn du das wirklich willst, wirst du es auch tun. Und zwar nicht indem du aktiv wirst, sondern indem du in der Stille sitzt und deinen Verstand und deinen Körper dem Selbst hingibst. ICH BIN wird sich um sich selbst kümmern. Du siehst, ICH BIN ist deine wahre Natur. Deshalb brauchst du nichts zu tun, um es zu erreichen. Du brauchst nur zu erkennen, dass alles, was dich zurückhält, aufgegeben werden muss. Alles muss gehen, dein ganzes Glaubenssystem. Woran hältst du fest? Überlege, was gibt es in deinem Verstand, das so stark ist? Angst, ein Job? All diese Dinge sind ohne Bedeutung, wenn du aufwachen willst. Du wirst deinen Job immer noch haben. Du wirst immer noch das tun, wozu du hergekommen bist. Ich muss das betonen, weil die meisten fragen: „Wie werde ich funktionieren, wenn ich tue, was du sagst?" Ich sage immer wieder, habe keine Angst, du wirst funktionieren. Du wirst viel besser funktionieren als du es dir vorstellen kannst. Für dein Ego ist es hart zu verstehen, wie du ohne einen Verstand funktionieren sollst, aber du wirst es. Hier ist etwas, das mit Worten nicht erklärt werden kann. Wenn du zu diesem Höchsten Zustand gelangst, dann wirst du so menschlich wie jeder andere. Darum ist es schwer zu erkennen, was ein Weiser ist, denn ein wahrer Weiser erscheint nicht anders als du und ich. Im Höchsten Zustand funktionierst du wie jeder andere, nur gibt es dann etwas in dir, das dich verstehen macht, dass du eine Art Spiegel bist und dein Körper, deine Angelegenheiten und alles andere im Universum lediglich eine Reflexion sind. Du wirst zu beidem. Es sieht so aus, als ob du wie ein normaler Mensch handelst, aber du bist das nicht mehr. Das ist der Zustand, der am schwierigsten zu erklären ist. Denn es ist jenseits von Worten. Es ist jenseits von Gedanken. Es ist jenseits von Vernunft.

Durch Vernunft wirst du nicht frei. Es ist jenseits aller menschlichen Fähigkeiten. Darum kannst du nicht darüber nachdenken und es nicht erklären. Du kannst es auch nicht diskutieren. Das Einzige was du tun kannst ist, alles zu tun, was du tun musst, um deinen ganzen Kram loszuwerden. Das ist alles. Alles andere wird sich von allein ergeben.

ENTSAGUNG

Du musst absolut nichts aufgeben,
nichts hingeben, nichts loslassen.
Du bist schon frei.
Wie kannst du glauben, du müsstest etwas loslassen,
das nie existiert hat?
Du glaubst, du musst etwas loslassen, an dem du hängst.
Wie kann das Selbst an etwas hängen?
Du denkst, du musst all deine Ängste hingeben,
deine Depressionen, alle Dinge, die dich gequält haben.
Wem hingeben? Diese Dinge sind nicht deine.
Sie gehören nicht zu dir.

Du bist Reine Realität. Du bist das Unvergängliche Selbst.
Du wurdest nie geboren, du bist nie gewesen
und du wirst nie fortgehen.
Du bist das Eine. Das Allumfassende Eine.
Daher musst du absolut nichts aufgeben.
Denn du hattest von Anfang an nie etwas.

Es ist wirklich egoistisch zu glauben, du hättest irgendetwas,
das du aufgeben musst.
Es gibt nichts, was du hingeben musst.
Es ist nur das Ego, das glaubt, etwas müsse hingegeben werden,
etwas müsse aufgegeben werden und dass du etwas loslassen musst.
Wer ist es, der jemals etwas besaß?
Es gibt niemanden.
Es gibt nur die Eine Realität, und du bist Das.

Das eine Selbst

Du kommst, um mit mir in der Stille zu sitzen. In der Stille ist alle Kraft. In der Stille sind alle Antworten. Glückseligkeit kommt von allein zu dir. Freude kommt zu dir. Wenn du in der Stille sitzt, erinnerst du dich, wer du bist. Wir sehen, dass wir alle ein Selbst sind. Was bedeutet das? Es bedeutet, wir sind nicht getrennt, wir sind alle eins, Ein Selbst. Denke darüber nach. Wir sind alle das Eine Selbst.

Das Eine Selbst drückt sich durch wahlfreies, müheloses Reines Gewahrsein aus. Wahlfreies, müheloses Reines Gewahrsein. Das ist, was du bist: Reines Gewahrsein. Denke darüber nach. Du bist Reines Gewahrsein, wahlfreies, müheloses Reines Gewahrsein. Was meinen wir mit Reinem Gewahrsein? Reines Gewahrsein bedeutet einfach, dass du Allumfassendes Bewusstsein bist. Dein Wesen ist in allem. Du bist dir bewusst, dass das ganze Universum ein direktes Resultat deines Denkens ist, deines Verstandes. Du bist dir der Bäume bewusst, der Berge, des Himmels. Da ist grenzenloser Raum, Reines Gewahrsein. Du bist dir der Realität bewusst, der Wahrheit über dich selbst. Du selbst bist Reines Gewahrsein und du bist Das. Denke darüber nach. Das Selbst ist Reines Gewahrsein und du bist Das.

Anhaftung und der „Ich"-Gedanke

Wenn du nur wüsstest, was das für dich bedeutet: Du bist total frei, vollkommen frei, mühelos, wahlfrei, Freiheit. Alles andere ist Illusion – die Welt, das Universum, der persönliche Gott.

Alles andere ist Illusion. Wo also kommen diese Dinge her, die so real erscheinen? Wo kommen all die Menschen her? Wo kommt all das her, was du den ganzen Tag über siehst? Wo kommt das alles her? Vom „Ich"- Gedanken. Der „Ich"- Gedanke produziert das kleine Selbst. Das ist es, was dich denken lässt, dass du einen Körper und einen Verstand hast, dass dies dein Zustand ist und dass du Probleme hast. Dass du dich durch Sachen hindurcharbeiten musst. Der „Ich"- Gedanke produziert das alles für dich. Er ruiniert dein Leben völlig. Er verdeckt die Realität und stellt eine Welt her. Deshalb komme zurück zum Selbst. Du musst irgendwie den „Ich"- Gedanken überwinden. Und das kannst du nur, indem du alles Wissen vergisst, das du angesammelt hast. ALLES Wissen. Alles was man dir seit der Geburt beigebracht hat, muss aufgegeben werden. All deine Überzeugungen, Glaubenssätze, vorgefasste Ideen, all das muss gehen. Wenn das alles nicht mehr da ist, ruhst du im Selbst, und du wirst bedingungsloses, wahlfreies Gewahrsein.

Wir haben etwas, das wir besitzen. Eine Person, ein Ding, einen Ort. Es geht uns nicht aus dem Kopf. Wir hängen daran. Es scheint, dass wir wegen dieser Anhaftungen durch viele Leben gehen. Wir gehen durch viele Erfahrungen, nur weil wir an etwas hängen. Es kann geistig oder physisch sein. Wenn du jemanden oder etwas leidenschaftlich hasst, ist das Anhaftung. Du wirst wieder und wieder auf diese Welt oder einen anderen ähnlichen Planeten zurückkommen. Du wirst dieser so gehassten Person wieder und wieder unter unterschiedlichen Bedingungen begegnen. Mal mag sie deine Tochter sein oder deine Mutter oder dein Ehemann oder deine Ehefrau. Aber diese Person, die du so sehr verachtest, wird dir immer wieder begegnen und dir Dinge antun, um dich zu verärgern. Und du wirst sie immer wieder hassen. Du wirst nie frei sein, bis du verstehst.

Verstehen bedeutet, nach innen zu gehen, die Person zu vergessen und deine eigene Realität zu sehen. Den „Ich"- Gedanken zur Quelle zu verfolgen. Es ist schließlich der „Ich"- Gedanke, der liebt und hasst, der an Personen, Orten oder Dingen hängt. Wenn der „Ich"- Gedanke überwunden ist, bleibt nur das Selbst übrig. Dann ist dein Karma erledigt, mit deinem Körper, mit deinem Gott ist es vorbei, und du bist frei und zu Hause. Aber solange du an diesen Dingen hängst und sie fühlst, kannst du nicht frei sein.

Bist du nicht verhaftet, treten die Dinge beiseite. Das, woran du nicht mehr festhältst, hält auch nicht mehr an dir fest. Wenn du deine Ansichten über Personen, Orte und Dinge loslässt, wirst du wachsen, dich entwickeln. Du wirst zu etwas Unaussprechlichem, etwas, das nicht erklärbar ist, etwas, das so wundervoll ist, dass du nicht einmal davon träumen kannst. Und doch ist es so.

Du musst dich mit dem ganzen Universum aussöhnen, dem Königreich der Mineralien, der Pflanzen, der Tiere, der Menschen. Wenn du dich mit dem gesamten Universum angefreundet hast, wirst du nicht mehr Atma Vichara üben müssen. Du wirst das Ich nicht mehr zurückverfolgen oder dir darüber Sorgen machen müssen. Einfach diese Versöhnung mit dem Universum wird dich frei machen. Denn wenn du alles liebst, uneingeschränkt, was bleibt da zu tun? Da gibt es nichts anderes mehr. DIE TOTALE LIEBE FÜR DAS GANZE UNIVERSUM TÖTET DAS EGO. Denn es ist das Ego, das all diese Spiele mit dir spielt. Das dich jemanden besonders lieben oder hassen lässt. Das dich bestimmte Tiere verachten und essen lässt. Das dich glauben lässt, Giftefeu sei schlechter als die Rose. Das dich dazu bringt, das Leben zu bewerten. Für den Weisen ist alles gleich. Nichts ist besser oder schlechter als etwas anderes. Und allein dadurch, dass du dies hörst und es in dein Herz lässt, es fühlst, wirst du dem Aufwachen näher kommen.

Denke an die Probleme, die du zu haben glaubst. Warum sind das Probleme? Was macht sie so wichtig? Es gibt nichts in der Welt, was so wichtig wäre, dass du dich schlecht fühlen oder dich rächen oder Angst um deinen Körper haben müsstest. Du machst dir Sorgen um jemanden, den du liebst oder um die Situation der Welt. Wenn du das tust, übernimmst du Verantwortung für diese Dinge. Letzten Endes hast du nicht darum gebeten, geboren zu werden. Du hast nicht darum gebeten, in diese spezielle Familie geboren zu werden, in diese Nationalität, diese Religion, diese Stadt, dieses Land. Die Kraft, die das bestimmt, weiß, wie sie sich um dich kümmern muss. Siehst du nicht, dass es da nichts für dich zu tun gibt? Mit anderen Worten: Gott benötigt deine Hilfe nicht. Das Einzige was du tun kannst ist, tief einatmen und sagen: „Nimm es, Gott. Ich bin fertig damit. Ich werde mich nie wieder sorgen. Ich werde mich nie wieder über irgendetwas aufregen."

Wo kommst du her? Was siehst du morgens beim Aufwachen? Du machst dir Sorgen über dein Leben, weil es nicht nach deinen Vorstellungen verläuft? Du denkst, du musst irgendwo in der Welt einen Lehrer finden? Und dieser Lehrer wird dir dann etwas geben, was du brauchst. Ein bestimmtes Buch zum Lesen, das dich erleuchten und glücklich machen wird. Er wird dir etwas zu tun geben, damit du friedvoll und entspannt wirst, etwas das andauert. Nichts davon wird je von Dauer sein. Für eine Weile, für Momente, einige Tage, ein paar Monate, ein paar Jahre. Dann wirst du wieder zu dem was du vorher warst, denn der Verstand ist nicht zerstört worden.

Dein Job ist es, den Verstand zu zerstören, der über diese Dinge nachdenkt. Darum bist du hier. Um das Ego vollständig zu zerstören. Nur das wird dich für immer frei machen. Denke über diese Weisheiten nach und sieh, ob ich Recht habe. Jede Lehre kommt aus dem Verstand. Jeder Lehrer, hinter dem du herjagst, jede Lehre, die er oder sie dir gibt, kommt aus dem Verstand. Nur aus dem Verstand. Wenn da kein Verstand ist, gibt es nichts zu suchen. Der Verstand will suchen und schauen. Aber wenn es keinen Verstand mehr gibt, wer bleibt übrig, um zu suchen oder zu schauen? Das Leben geht also mit der Suche und dem Objekt der Suche weiter. Wir haben gelernt, Objekte zu sehen und uns damit zu identifizieren. Ich sage: Geht über den Seher und auch über das Objekt hinaus, indem ihr fragt: „Zu wem kommt das Objekt? Wer sieht dieses Objekt? Wo ist seine Quelle?" Ihr müsst euch diese Frage den ganzen Tag über immer wieder stellen. Was ist die Quelle meines Leidens? Was ist die Quelle meines Glücks?

Versucht der Verstand, zu urteilen? Ertappt euch selbst. Fragt: „Zu wem kommt das? Zu wem kommt dieses Urteil? Es kommt zu mir. Ich denke das. Aber bin ich wirklich das Ich, das dieses denkt? Bin ich ein Ich? Wo kam Ich her? Wer bin ich? Wer ist der Denker?" Und geht darüber hinaus. Geht über alles hinaus, was in euren Verstand kommt. Geht über alle Antworten hinaus, bis ihr in totalem Frieden seid. Wenn es keine Antworten mehr gibt, seid ihr vollkommen frei und friedvoll. Solange ihr nach Antworten sucht, könnt ihr keinen Frieden und kein Glück haben. Erinnert euch immer daran: Diese Welt muss nicht verbessert werden. Ihr braucht gar nicht erst zu versuchen, die Welt zu verändern, es wird euch nicht gelingen, höchstens für ein paar Tage, ein paar Monate, ein paar Jahre. Diese Welt ist nicht zum Verbessern gemacht. Ihr müsst diese Welt loswerden, IM VERSTAND. Es beginnt im Verstand.

Glaubt bloß nicht, dass diese Welt eines Tages ein besserer Ort sein wird und ihr glücklich sein werdet. Das wird nie geschehen. Seit Anbeginn der Welt haben die Menschen versucht, sie zu verbessern – alles ohne Erfolg. Manchmal scheint es, als wenn für eine Weile einiges besser wird, aber meistens wird es nachher schlimmer als vorher. Warum? Weil das nun mal der Lauf dieser Welt ist. In dieser Welt muss es Reibung geben, damit sie weiter existiert. Gäbe es keine Reibung, würde die Welt zerfallen. Es gäbe keine Welt mehr. Da gibt es gut und schlecht, richtig und falsch, auf und ab, vorwärts und rückwärts. Damit ein Flugzeug fliegen kann, muss es die gleiche Menge an Luftwiderstand geben. So fliegt ein Flugzeug, es braucht Widerstand. Ohne Widerstand könnte es nicht fliegen. Es könnte nicht mal vom Boden abheben. So ist es auch mit eurem Leben. Um etwas zu erreichen, muss Widerstand da sein. Denkt darüber nach. Wenn ihr etwas im Leben erreichen wollt, muss Widerstand da sein. Ohne Widerstand gäbe es nichts zu erreichen.

Darum sage ich euch: Advaita Vedanta hat absolut nichts mit dieser Welt zu tun. Ihr versucht, ein besserer oder fähigerer Mensch zu werden. Das lässt euch nur weltlicher werden. Ihr müsst diesen Planeten absolut und vollkommen verlassen.

Und wenn ihr diesen Planeten verlasst, dann müsst ihr an einen völlig anderen Ort fliegen wie z.B. zum Mars, wo ihr tief nach innen geht und die Realität berührt. Dann wird alles begreiflich und das ist schöner, als ihr je verstehen oder wertschätzen könnt. Hört also auf zu suchen, hört auf zu sein was ihr zu sein denkt. Hört auf mit allem was ihr tut, MENTAL. Ich weiß, ihr macht euch Sorgen, was passiert, wenn ihr aufhört zu denken. Es wird immer für euch gesorgt werden. Ihr werdet alles bekommen was ihr braucht.

Noch einmal: Überlege, was ist das Allerschlimmste, das dir je passieren könnte? Du kannst sterben. Aber so etwas wie der Tod existiert nicht. Ihr wisst das alle. Du kannst ein Vermögen verlieren. Du bist ohne Vermögen in diese Welt gekommen und wirst sie ohne Vermögen wieder verlassen. Sorge dich nicht um diese Dinge. Karmisch gesehen gehst du durch alle Erfahrungen, durch die du gehen musst. Aber das gehört zum Körper, nicht zu dir. Siehst du noch immer nicht, dass du ganz und gar frei bist? Deine wahre Natur ist Absolute Güte, Parabrahman, Absolute Realität. Du bist das Selbst, das Allumfassende Selbst. Wovor kannst du noch Angst haben? Was kann dir irgendjemand noch antun? Du bist frei. Du bist ganz. Du bist vollkommen. Es gibt nur das Eine. Es gab nie dich und mich. Es gibt nur das Eine. Und das Eine ist Absolute Realität. Du bist das Eine. Du bist der Ausdruck der Glückseligkeit. Wache auf. Werde all die Gefühle los, die dich dazu bringen, all diese dummen Dinge zu tun. Wache auf. Sei frei. Vereinfache dein Leben. Hab keine Angst. Angst ist auch ein Ding, an dem du festhängst und das dich zurückhält.

Glaube nie, dass es etwas Wichtiges gibt, worüber du nachdenken musst. Alles ist unwichtig. Egal was du darüber denkst, es ist unwichtig. Solange du über etwas nachdenken musst, ist es unwichtig. Und doch sagst du: „Wie kann ich ohne Denken funktionieren?" Achte darauf, was du da gesagt hast. „Wie kann ,Ich' funktionieren, ohne zu denken?" Nicht du, sondern Ich. Was du tatsächlich sagst ist: Wie kann das Ich funktionieren

ohne zu denken? Welches „Ich" meinst du? Das Ego-Ich muss
denken um zu existieren, aber das ICH BIN-Bewusstsein existiert in sich selbst. Da gibt es nichts zu denken. Wann immer
du also über etwas nachdenkst, dann erkenne, es ist das „Ich"-
Bewusstsein, das „Ich"-Ego sozusagen, das denkt. Wenn du über
das Ich-Ego hinausgehst und zum Ich-Bewusstsein zurück-
kehrst, werden deine Gedanken aufhören. Es werden keine
Gedanken mehr existieren. Noch einmal, weshalb sollte über
die Realität nachgedacht werden? Realität ist Realität. Sie ist
Allumfassend, Allgegenwärtig. Es gibt für sie keinen Raum zum
Denken. Sie ist eine Kraft, die sich Selbst kennt. Die Kraft, die
sich selbst kennt, ist Bewusstsein, Absolute Realität. Sie kann
nur sich selbst kennen und nichts sonst, weil außer dem Selbst
nichts existiert. Es gibt keine Dualität in der Absoluten Realität. Dualität scheint nur auf der menschlichen Ebene zu existieren. Sie ist eine Erscheinung. Sie ist nicht wahr, nicht real. Das
kannst du dir selber sagen.

Schau dir die Welt an. Die Welt ist ein kosmischer Witz.
Sie scheint real zu sein. Die guten Dinge, die schönen Dinge,
die fürchterlichen Dinge. Das ist alles Hochstapelei. Die Welt
ist eine Welt der Dualität. Für jedes Gute muss es ein Schlechtes geben. Es muss sich ausgleichen. Für jedes Schlechte muss
es ein Gutes geben. Für jedes Aufwärts gibt es ein Abwärts. Für
jedes Vorwärts gibt es ein Rückwärts. Wir werden diese Welt
nie verstehen. Sie ist zu komplex. Verlasse sie. Nicht indem du
Selbstmord begehst, sondern indem du über den Körper und
den Verstand hinausgehst und zu deinem wahren Selbst erwachst. So verlässt du die Welt. Höre auf, dich zu bemitleiden.
Höre auf, deinen Gedanken, der Welt, deinem Körper soviel
Aufmerksamkeit zu geben. Lass geschehen, was geschieht. Gib
dich deinem Selbst total hin. Dein Selbst ist Gott, Bewusstsein.
Fange an, dich mit dem ICH BIN zu identifizieren, nicht mit
den Umständen. Lasse die Umstände in Ruhe. Wie ich schon
vorher gesagt habe, du bist für nichts verantwortlich. Werde
deine Schuldgefühle los.

Spüre in deinem Herzen die Einheit der Ewigkeit. Bis wir die Reife haben und dies zum Wichtigsten in unserem Leben wird, werden wir auf dem spirituellen Weg immer nur bis zu einem bestimmten Punkt gelangen. Wo dein Herz ist, ist auch Gott. Denke heute darüber nach: Woran hänge ich eigentlich? Was ist so bedeutungsvoll für mich in dieser Welt? Und erkenne, dass es das ist, was dich zurückhält. Lasse es im Geiste los, indem du dich nach innen wendest und erkenne, dass „Ich" das fühle. Ich fühle, dass ich das brauche. Wo kommt das Ich her? Folge dem Ich-Faden zur Quelle und werde befreit.

Wenn du dem Ich zur Quelle folgst, werden sich all deine Probleme, deine Sorgen, dein Leben, deine Welt in dieser Quelle auflösen. Bis das geschieht, erkenne, dass du nicht das Ich bist, welches Probleme hat. Das ist der springende Punkt. Es ist das Ich, welches sich manchmal depressiv oder besorgt oder gehetzt oder schlecht gelaunt oder ängstlich fühlt. Es ist das depressive Ich, das sich so fühlt. Doch das bist nicht du. Du bist nicht das persönliche Ich. Sogar wenn du dem Ich folgst, folgst du einer Fata Morgana, einer optischen Täuschung, denn du bist nicht das Ich. Du bist Absolute Realität, Nirvana, Sat-Chit-Ananda, doch du bist nicht das Ich. Wenn du aber nicht das Ich bist, wer hat dann die Probleme? Wer hat die Krankheit? Wer hat die Zweifel? Wer hat das Misstrauen? Wer hat all diese weltlichen Probleme, die die meisten menschlichen Wesen haben? Ich, aber ich bin nicht das Ich. Doch „Ich" hat diese Probleme.

Siehst du, was ich meine? „Ich" hat das Problem. Nicht ich, sondern „Ich". In diesem Fall steht „Ich" für Absolute Realität, Reines Gewahrsein, Bewusstsein. Daher ist dies hier die beste Psychotherapie, die es je gab. Denn du brauchst nur zurückzutreten und das Ich mit seinen Problemen zu beobachten. Du kannst verstehen und erkennen, dass das wirkliche Ich, das echte Selbst, nie Probleme haben kann. Das ist unmöglich. Jedoch „Ich" fühlt das Problem. Du ertappst dich sofort und erkennst: Ja, „Ich" fühlt das Problem. Du siehst, nicht ich, sondern „Ich" fühlt das Problem. Dann vergisst du es für eine Weile und sagst: „Ich fühle mich depressiv." Und du ertappst dich und lachst. Du sagst: „Ich" ist depressiv, „Ich" ist schlecht gelaunt, nicht ich, sondern „Ich". Dann vergisst du es nach einer Weile wieder und sagst: „Ich bin krank." Und wieder erinnerst du dich. Du sagst: „Ich ist krank." Nicht ich, sondern „Ich". Das machst du den ganzen Tag über. Schließlich wirst du dadurch dein Selbst vom Ich trennen. Du wirst deinen Körper nicht mehr als Ich betrachten. Du wirst deinen Verstand nicht mehr als Ich sehen. Wenn du erkennst, dass Ich alles im Universum ist, dann muss Ich auch der Körper und der Verstand sein. Dann erkennst du, dass du nicht der Körper und nicht der Verstand bist, sondern „Ich" das ist. Ich ist der Körper und Ich ist der Verstand. Ich ist all die Probleme. Du trennst dich davon. Du beobachtest. Du beobachtest, wie das „Ich" all diese Probleme hat und du wirst bald über dich selber lachen. Du wirst Freiheit spüren. Ich kann dir versichern: Wenn du das übst, wirst du soviel Freiheit spüren wie nie zuvor. Du wirst Allgegenwärtigkeit fühlen. Du wirst ein tiefes Glücksgefühl erleben. Du wirst erfahren, dass der Körper als solcher nicht existiert. Du wirst dich anschauen und den Körper sehen, aber du wirst lachen. Du wirst wissen, es ist nicht dein Körper. Es gibt keinen Körper. Es ist wie mit dem Wasser in der Fata Morgana. Da ist kein Wasser. Es scheint nur so. So ist es auch mit dem Körper. Du scheinst einen Körper zu haben, aber es stimmt nicht. „Ich" hat den Körper. Und Ich existiert nicht wirklich. Gehen dir jetzt die Augen auf? Es gibt kein Ich und es gibt keinen Körper. Was wird dann also alt und stirbt? Was wird krank? Was wird depressiv? Und die Antwort lautet: Nichts. Da ist niemand, der depressiv wird, da ist niemand, der stirbt, da ist niemand, der Seelenqualen leidet. Da ist niemand mehr, der irgendetwas tut. Du bist völlig frei.

DU BIST NICHT DER HANDELNDE

Wenn du das fühlst, brauchst du nirgendwo hinzugehen, denn wohin du auch gehst, du bist das Selbst. Das Eine macht dich nicht glücklicher als das Andere. Es ist alles das Gleiche. Du unterscheidest nicht mehr zwischen Objekten. Alle Objekte werden wie ein Stück Ton, aus dem du die Objekte erschaffst. Aber du erkennst, dass alles aus dem gleichen Stück Ton entsteht. So ist es auch mit deinem Leben. Da ist niemand, der irgendetwas tut. Es gibt absolut nichts zu tun. Wenn ich sage, es gibt nichts zu tun, meine ich damit nicht notwendigerweise, dass du den ganzen Tag still im Stuhl sitzen wirst. Das scheint paradox. Es wird so scheinen, als ob dein Körper Dinge tut. Und doch wirst du ohne den geringsten Zweifel wissen, dass da niemand ist, der etwas tut. Denke darüber nach.

Dies ist ein sehr wichtiger Punkt. Es sieht so aus, als wenn du ins Kino gehst, und wenn du einen Job hast, zur Arbeit gehst, nach Hause kommst, heiratest, geschieden wirst, schwimmen gehst, alles Mögliche tust. Doch du weißt, niemand tut irgendetwas. Wie kann das sein? Wie kann es aussehen als würdest du etwas tun, und doch wird nichts getan? Der Himmel sieht blau aus, aber bei näherer Untersuchung gibt es keinen Himmel und kein Blau. Es scheint als würdest du etwas tun, aber da ist kein Handelnder. Es gibt wirklich niemanden, der etwas tun muss oder etwas tut. Zeit und Raum sind beseitigt worden. Du befindest dich in einer völlig anderen Dimension, wo es scheint, als würdest du dich bewegen, arbeiten, Erfahrungen machen – doch nichts wird getan. Ich gebe zu, es ist schwer, sich diesen Zustand vorzustellen, aber es ist die Wahrheit. Niemand hat je etwas getan.

Es gibt nur das Eine, und das Eine ist Allumfassend und Allgegenwärtig. Es gibt nur das Eine. Und wenn dieses Eine Allumfassend und Allgegenwärtig ist, wo kann dann noch irgendetwas getan werden? Denke darüber nach, schau es dir einmal folgendermaßen an: Wenn du der Einzige im Universum

und so groß wie das Universums wärst, dann wären alle Planeten und Sterne und der Mond und die Erde, Menschen, Orte
und Dinge in dir. Du hättest keinen Raum, irgendetwas zu tun.
Und doch wird alles in dir getan. Es ist dasselbe. Das ist wirklich die Wahrheit über dich. Du bist der Mikrokosmos und zugleich der Makrokosmos. Wenn du dich in der Dualität, in
Ignoranz bewegst, scheinst du ein kleines menschliches Wesen
zu sein, und du schaust dich um und siehst Milliarden von
menschlichen Wesen, genau wie du selbst. Du streitest mit
ihnen, du kämpfst mit ihnen. Du liebst sie. Du unternimmst alle
möglichen Aktivitäten mit deinen Mitmenschen. Aber wenn
du an dir selber arbeitest und dein Bewusstsein sich erweitert,
wird etwas dir sagen, dass es nur Eins gibt. Es gibt nicht dich
und mich. Es gibt nur das Ich. Und das Ich existiert nicht.
Nichts was du begreifen könntest, existiert. Es gibt keine Existenz. Es gibt keinen Gott, der das Universum erschafft. Es gibt
niemanden, der verursacht, dass irgendetwas geschieht. Die
höchste Wahrheit ist: Nichts geschieht.

TRENNE DICH VOM „ICH" UND WACHE AUF

Und ihr sagt: „Das mag stimmen, Robert, aber ich leide. Ich
leide Seelenqualen. Ich scheine krank zu sein. Ich habe Schwierigkeiten mit Leuten. Warum?" Nur aufgrund falscher Identifikation. Ihr identifiziert euch mit der sichtbaren Existenz. Solange ihr euch damit identifiziert, werdet ihr scheinbar existieren. Und ihr werdet Probleme haben. Denn jedes menschliche
Wesen hat Probleme. Es gibt keine Ausnahmen. Solange ihr
glaubt, dass ihr geboren seid, werdet ihr Probleme haben. Daher müsst ihr irgendwie diese Idee aufgeben, dass ihr geboren
seid. Ihr müsst die Idee aufgeben, dass ihr existiert und Probleme habt. Mit anderen Worten, ihr müsst aufwachen. Ihr müsst
zu eurer Realität aufwachen. Keine Geburt, kein Tod, kein Problem. Niemand stirbt, weil niemand geboren wurde. Ich kann

immer so weiter sprechen, aber wenn ihr nicht erfahren könnt, wovon ich spreche, wie könnt ihr mir glauben? Ich weiß, einige von euch hier hatten einen kurzen Einblick in diese Realität. Ihr wisst also, dass es so ist. Aber die meisten hatten das nicht. Wie können wir das akzeptieren? Ihr müsst es in euch selber erfahren. Das ist der einzige Weg, jemals aufzuwachen. Experimentiert nicht in der Welt. Wie experimentiert ihr in der Welt? Wenn ihr glaubt, dass diese Bäume schön sind. Schöner Sonnenuntergang, schöner Sonnenaufgang, schöne Blumen, schöne Leute. So gut es auch klingen mag, das hält euch vom Aufwachen ab. Warum? Weil ihr euch mit äußeren Dingen identifiziert, die nicht existieren. Ihr erkennt nicht, dass der schöne Baum aus eurem Verstand kommt. Der schöne Sonnenuntergang ist in eurem Verstand entstanden. Alle Schönheit und alle Hässlichkeit, die ihr wahrnehmt, sind in euch selbst. Du bist das Selbst. Wenn du also aufwachen willst, dann wirst du, wenn du Schönheit siehst, realisieren, dass du sie projizierst. Du beginnst zu fragen: „Zu wem ist dies gekommen?" Denke darüber nach. Wenn du all die Schönheit vor dem Fenster betrachtest, dann frage, statt sie zu bewundern: „Wer sieht das?" Mit anderen Worten, die Schönheit, die du da draußen siehst, kommt in Wirklichkeit von innen. Du bist diese Schönheit. Sie existiert nur dort draußen, weil du hier existierst. Wenn du nachts im Tiefschlaf bist, wer sieht? Da sind keine Bäume. Da sind keine Blumen. Du bist im Tiefschlaf und doch wach. Tiefschlaf ist der Zustand, der der Selbst-Verwirklichung am nächsten kommt. Wunderst du dich je, warum du, sobald du aus dem Tiefschlaf kommst, sagst: „Ich fühle mich gut"? Es gibt niemanden, der aus dem Tiefschlaf kommt und sich schlecht fühlt. Du magst einen schlechten Traum gehabt haben. Aber ich meine, wenn du wirklich im Tiefschlaf bist und dann aufwachst, fühlst du dich gut. Du fühlst dich phantastisch, wunderbar. Erst wenn du anfängst zu denken, ändern sich die Gefühle. Überprüfe das für dich selber. Warum? Weil Tiefschlaf wirklich Glückseligkeit ist. Doch es ist eine unbewusste Glückseligkeit. Befreiung ist bewusste Glückseligkeit. Befreiung ist, wenn du wach und bewusst bist. Du bist dir nicht etwas Besonderem bewusst, du bist einfach bewusst. Das ist Befreiung. Wenn du also irgendetwas außerhalb von dir siehst und dich darin verwickelst, ertappe dich. Erkenne, dass es aus dir kommt und frage: „Zu wem kommt das?"

Ich weiß, da sind viele unter euch, die gerne wandern, gerne Berg steigen, gerne Teil der Natur werden. Das ist okay, aber glaube nicht, dass diese Dinge außerhalb von dir sind. Du selbst bist diese Dinge. Du bist Das. Wenn du fragst: „Zu wem kommt das?", dann erkennst du auch hier: „Es kommt zu mir, ich nehme es wahr." Dann erinnerst du dich, dass du nicht Ich bist. „Ich" nimmt es wahr. Denn in Wirklichkeit bist du nicht der Wahrnehmende. Du bist nicht der Beobachter. „Ich" nimmt wahr. „Ich" ist der Beobachter. Dies ist ein sehr wichtiger Punkt und ich möchte, dass du das verstehst, denn es kann dein ganzes Leben verändern. Was immer du in der Welt siehst, du musst erkennen, dass „Ich" wahrnimmt. Aber sieh dieses Ich nicht als das Selbst an. Du musst dich erwischen und sagen: „Ich nimmt das wahr." Und das bedeutet nicht, dass du es wahrnimmst. Es ist „Ich", das wahrnimmt. Wenn du dich vom Ich trennst, was gibt es dann noch? Bewusstsein. Nur wenn du glaubst, dass du Ich bist, kommt dein Menschsein ins Spiel. Aber sobald du wahrnimmst, dass Ich das Universum ist, hast du dich vom Ich getrennt. Dann kommt Bewusstsein ins Spiel, und du bist erwacht. Mit anderen Worten: Wenn du dich von deinem Ich trennen kannst, wirst du erwacht und frei sein. Spiele dieses Spiel jeden Tag, was immer du siehst, sei es deinen Körper oder deinen Verstand oder andere Leute. Wenn jemand dir etwas antut, das du nicht magst, dann ist zu reagieren das Schlimmste, was du tun kannst. Kannst du jetzt sehen, warum? Wenn du reagierst, bestätigst du dein Menschsein, und dein Ego wird stärker. Wenn du nicht mehr reagierst, wird dein Ego schwächer und schwächer und schwächer. Das Ich und das Ego sind dasselbe. Ich weiß, wenn du die schlechten Dinge des

Lebens siehst, die Unmenschlichkeit der Menschen, all die häßlichen Dinge im Fernsehen, dann möchtest du damit nichts zu tun haben. Aber es geht auch um die guten Dinge. Du bist nicht die guten Dinge und nicht die schlechten Dinge. Du bist Nichts. Versuche nicht, Schlechtes gegen Gutes auszutauschen. Spiele das Spiel mit dir selbst. Sobald du an einen schönen Sonnenaufgang denkst, ertappe dich und frage: „Zu wem kommt das? Es kommt zu mir, ich nehme das wahr."

DAS „ICH" GEHÖRT NICHT ZU DIR

Bevor du fragst „Wer bin ich?", erinnere dich daran, zu erkennen, dass du nicht das Ich bist. Das Ich, welches wahrnimmt, ist nicht du. Mit anderen Worten, wann immer du dich von jetzt an auf Ich beziehst, sprichst du nicht von dir selbst. Kannst du das behalten? Wann immer du das Wort „Ich" benutzt, wirst du dich ertappen und sagen: „Das Ich ist nicht ich, ich ist, wer ich bin." Ich ist die Frage „Von welcher Quelle kommt das Ich?" Aber das Ich hat absolut nichts mit dir zu tun. Und wenn es also nichts mit dir zu tun hat, dann bedeutet das, dass du nicht darum kämpfen musst, es loszuwerden. Wenn das Ich wirklich zu dir gehören würde, dann hättest du einen Kampf zu bestehen. Denn du würdest tausend Wege suchen, um das Ich loszuwerden. Aber wenn du weißt, dass das Ich nicht zu dir gehört, dann gibt es nichts mehr zu erkämpfen. Du erkennst einfach, dass du nicht das Ich bist. Dann frage: „Wer bin ich?" Wenn du das so übst, wie ich es eben erklärt habe, wenn du sagst „Wer bin ich?", wirst du eine völlig neue Offenbarung erleben. Du fragst erst ganz am Ende: „Wer bin ich?" Bis du zu der Erkenntnis gelangst, dass ich nicht das Ich bin. Deshalb ist alles, was zum Ich gehört, nicht ich. Meine Probleme, mein Haus, meine Familie, meine Geburt, alles das gehört zum Ich. Und da das Ich nicht existiert, existiert gar nichts. Und wenn nichts existiert, wer bin ich dann?

Erinnert euch: Sagt niemals „Nichts existiert und ich bin Bewusstsein", weil ihr nicht wisst, wovon ihr sprecht. Das sind nur Worte. Sagt niemals: „Das Ich existiert nicht, aber ich bin Sat-Chit-Ananda." Das sind nur Worte für euch. Ihr müsst fragen, keine Erklärungen abgeben. Gebt keine Erklärungen ab. Dies ist keine metaphysische Klasse, wo wir Affirmationen üben. Affirmationen sind Kindergarten. Die verbessern nur euer Menschsein. Ihr versucht, euer Menschsein loszuwerden, nicht es noch zu verbessern. Alles ist eine Frage. Ich bin nicht Ich? Ich bin nicht der Körper? Ich bin nichts was zum Ich gehört? Wer bin ich dann? Wenn du soweit gekommen bist und dann fragst „Wer bin ich?", dann wirst du in tiefer Stille sein.

Nun lasst mich kurz wiederholen. Fangt morgen früh an, sobald ihr aufsteht, bei allem, was ihr seht, zu euch selber zu sagen: „Das bin nicht ich." Was auch immer ihr fühlt, ob ihr euch wunderbar fühlt oder depressiv, das macht keinen Unterschied, sagt euch: „Das bin nicht ich." Was immer ihr hört, was immer ihr fühlt, was immer ihr berührt, was immer ihr riecht, sagt zu euch selbst: „Das bin nicht ich." Aber gebt dann zu: „Ich rieche es, Ich schmecke es, Ich berühre es, Ich fühle es, aber das bin nicht ich. Es ist das Ich, welches all diese Erfahrungen der Sinne macht, das Fühlen, Berühren, Schmecken, Riechen. Aber ich bin nicht das Ich. Wer bin ich dann?" Ich möchte jetzt, dass ihr die Augen schliesst und das für euch selber übt. Schaut aus dem Fenster, seht wie schön die Bäume sind und erkennt, dass die Bäume nicht von nichts kommen. Sie kommen vom „Ich". Die Schönheit der Bäume ist „Ich". Ich habe nichts damit zu tun. Aber „Ich". Also wer bin ich? Übt das für euch selbst.

Sei still, sei du selbst

Schau, das Schöne an all dem ist: Du bist bereits erleuchtet. Du bist schon selbst-verwirklicht. Aber du weigerst dich es zu glauben. Wie? Indem du alles andere glaubst. Indem du die

Welt fühlst. Indem du allen Umständen erlaubst, dich zu stören und darauf reagierst. Das überdeckt deine Realität so, als wärest du hypnotisiert. Und du glaubst, es gäbe eine Welt mit anderen. Wenn du glaubst, es gäbe eine Welt, die du überwinden musst und Bedingungen, die du transzendieren musst, dann hast du einen Kampf vor dir. In Wahrheit musst du nichts überwinden, nichts transzendieren. Stille ist deine Realität. Höre auf zu denken. Sei still. Sei ruhig. Erlaube dem Verstand zur Ruhe zu kommen. Egal was um dich herum geschieht. Was immer da vor sich geht, wird weiterhin vor sich gehen, auch wenn du nicht mehr da bist. Kümmere dich nicht um die Welt, lasse dich nicht von ihr einfangen, und es wird dir vorkommen, als ob die Welt kommt und geht. Indem du dich von ihr zurückziehst, erinnerst du dich, wer du wirklich bist, was du wirklich bist. Du hast absolut nichts mit dieser Welt zu tun. Ich weiß, es hört sich seltsam an, aber du hast absolut nichts mit dieser Welt zu tun. Nichts. Diese Welt gehört nicht zu dir.

Denn du bist überhaupt nicht hier. Es gibt keine Fehler. Wo bist du? Du bist nirgendwo und doch bist du überall. Warum über diese Dinge nachdenken? Warum darüber grübeln? Sei einfach du selbst. Lehne es ab, die Welt und ihre weltlichen Dinge anzuerkennen. Erkenne dich selbst als Reines Gewahrsein, müheloses, wahlfreies Reines Gewahrsein. Erkenne dich auf diese Weise. Wenn du am Morgen aufwachst, dann sage zu dir selbst: „Ich bin wahlfreies, müheloses Reines Gewahrsein.“ Und bleibe still. Du wirst überrascht sein, wie gut du dich fühlst. „Ich bin wahlfreies, müheloses Reines Gewahrsein.“ Doch du denkst, du bist jemand anderes. Du denkst, du bist ein Mann oder eine Frau, du hast einen Namen, hast einen Beruf, ein Programm, und du beziehst dich auf diese Dinge. Aber ich sage dir, all diese Dinge bist du ganz und gar nicht. Lasse all diese Dinge los. Werde deinen Stolz, dein Ego los. Du glaubst, du musst etwas auf die Reihe kriegen, musst dich beweisen. Aber alles, was geschehen muss, ist bereits geschehen.

Es ist so einfach, friedvoll zu werden. Es ist so einfach, liebevoll, glückselig, glücklich zu werden. Du musst nur all diese Gedanken zurückweisen, die zu dir kommen – alle Gedanken, alle Gefühle, alle Emotionen. Weise sie einfach zurück. Du weist sie zurück, indem du ihnen keine Macht gibst. Du gibst ihnen Macht, wenn du ihnen erlaubst, etwas in dir auszulösen. Wenn ein Gedanke sich zum Gefühl entwickelt, dann gibst du ihm Macht. Aber wenn du dich weigerst, das geschehen zu lassen, dann verschwinden die Gedanken. Mit anderen Worten: Du bist derjenige, der ihnen Macht verleiht. Du bist derjenige, der deinen guten oder schlechten Zustand schafft. Du bist derjenige, der die Welt sieht, so wie du sie siehst. Siehe nur dich selbst, siehe nur Realität, siehe nur Leere. Es ist wirklich ganz einfach. Sitze einfach da so wie jetzt, und beobachte. Analysiere nicht, versuche nicht die Gedanken zu verändern, kämpfe nicht gegen sie an, beobachte sie einfach, schau sie an, und wenn du soweit bist, dann kannst du die Frage stellen: „Zu wem kommen diese Gedanken?"

Ansonsten sitze einfach da und beobachte deine Gedanken. Lasse deinen Verstand tun, was immer er will. Lasse ihn so unverschämt werden wie er möchte! Lasse ihn alle möglichen Dinge sagen – angstmachende Dinge, schöne Dinge, falsche Dinge, richtige Dinge. Der Verstand ist nur dazu da, dir Schwierigkeiten zu bereiten, das ist alles. Aber wenn du ihm das nicht erlaubst, verschwindet er! Und wie machst du das? Indem du nicht auf deine Gedanken reagierst. Indem du ihnen nicht erlaubst, zu Gefühlen zu werden. Wo kommen diese Gedanken her? Von nirgendwo. Sie sind Einbildungen. Alle Gedanken sind Einbildungen. Einbildung ist wie das Wasser in der Fata Morgana. Das ist es, was deine Gedanken sind. Es scheint, als kämen sie zu dir, aber sie existieren gar nicht. Wären sie real, könntest du sie greifen, festhalten, aufbewahren, in eine Kiste stecken und wegpacken. Aber das geht nicht, und das beweist, dass sie keine Substanz haben. Wie können sie dir also Angst machen?

Erinnere dich immer daran: Es geht darum, das Denken völlig zu stoppen. Mental funktioniert gar nichts. Und doch denken einige von euch, wenn eure Denkfunktionen aufhören würden, dann würdet ihr zu einer Art Gemüse, unfähig zu funktionieren. Das ist nicht wahr. Was du bisher gewesen bist, wird nicht mehr funktionieren. Aber was du sein wirst, wird wunderbar funktionieren. Du wirst scheinbar immer funktionieren, aber es gibt da niemanden, der funktioniert. Du bist nicht das, was du zu sein scheinst. Egal wie oft ich euch das sage, ihr seid immer noch am Denken, Denken, Urteilen, Urteilen und ihr kommt zu Ergebnissen und versucht, euer Leben in den Griff zu bekommen. Ihr müsst loslassen. Total, absolut, komplett. Ihr müsst so vollkommen loslassen, dass ihr keinen Körper spürt, keinen Verstand, keinen Schmerz, nichts. Nur dann werdet ihr Fortschritte machen. Denkt nicht darüber nach. Die Gedanken können euch nicht helfen. Es gibt keine Gedanken, die euch helfen können, das Selbst zu realisieren. Da hilft nur ein völliges Loslassen, Aufgeben. Was gebt ihr auf? Ihr gebt das Ego auf, den Verstand, eure Meinungen über die Dinge. Das ist alles.

Und doch scheint ein Baum aufzutauchen und wird zu einem schönen Baum, während er wächst. So wirst auch du erscheinen. Doch du wirst wissen, dass du nicht die Erscheinung bist. Du wirst wissen, dass du absolut frei bist, Allgegenwärtigkeit, Allumfassend. Das ganze Universum findet in dir statt. Und wenn du Nicht-Selbst bist, gibt es kein Universum. Du bist jenseits des Nicht-Selbst, wo es kein Nicht-Selbst gibt. Du bist jenseits des Nicht-Selbst, wo es keine Worte gibt, um es zu beschreiben. Doch es ist so schön, so freudig, so glückselig. Wenn du einen Geschmack davon bekämest, würdest du nie zurückkehren. Du würdest nie wieder in das Menschlichsein zurückwollen. Viele sind von dieser Erkenntnis leicht berührt worden. Sie wurden von der Wahrheit berührt. Sie erinnern sich, dass es da etwas gibt, obwohl sie wieder zu ihrem menschlichen Selbst zurückgekehrt sind, zumindest scheinbar. Sie vergessen diese Berührung nie. Und das sind die Leute, die vorwärtsstreben, um den ganzen Weg zu gehen, zur Verwirklichung.

Was bedeutet es, den ganzen Weg zu gehen? Es bedeutet, dein Leben als Kino zu sehen. Alle Erfahrungen sind Abbildungen auf der Leinwand. Es bedeutet, dein Leben in keiner Weise zu beeinflussen, sondern es nur zu beobachten, es anzuschauen. Es intelligent anzuschauen. Die Emotionen zu sehen, die in deinem Verstand auftauchen. Die Ängste, die Arroganz zu beobachten und nichts daran zu ändern. Du schaust sie an, du schaust durch sie hindurch und wirst frei. Nur indem du sie durchschaust, wirst du frei von ihnen.

Denke an eine Emotion, die dich belastet. Vielleicht hast du schlechte Laune, bist sehr ängstlich, was auch immer. Zunächst musst du die Emotion anerkennen. Dann tauchst du tief, tief hinein. Und sie wird total und vollkommen verschwinden. Sie wird dich nie wieder belasten. Wenn du versuchst, die Dinge zu verändern, wird es für einige Zeit so scheinen, als ob alles besser würde. Aber dann wirst du dich am selben Platz wiederfinden, wo du vorher warst. Andere Leute, andere Orte. Du solltest gar nichts verändern. Du solltest still sein und schauen. Wenn du still wirst und schaust, dann wird, was du anschaust, dich anschauen. Wenn du die Welt anschaust, ohne sie zu interpretieren, ohne festzuhalten, wird die Welt sich dir offenbaren als das, was sie ist. Die Welt wird sich dir als Nichts offenbaren, als ein Bild auf der Leinwand des Bewusstseins. Du wirst ohne irgendeinen Grund strahlend glücklich werden. Du wirst einen Frieden finden, von dem du dir nie hättest träumen lassen, dass er existiert.

Du musst dies wollen. Du musst dies lieben. Du musst dies mehr wollen als alles andere auf der Welt. Wenn ich sage, mehr als alles andere auf der Welt, meine ich das nicht im Sinne von: „Ich habe es nicht und ich möchte es." Ich meine, du fühlst und glaubst und weißt, dass du Das bist. Und du willst, dass sich Das für dich entfaltet, indem du immer tiefer gehst. Indem du alles loslässt, was scheinbar im Leben geschieht. Indem du immer tiefer in das Selbst eintauchst. Du tauchst so tief in das Selbst, dass du alles loslässt, was du seit Jahren mit dir herumschleppst. Es gibt niemanden, der nicht aufwachen kann. Da dein wahres Selbst bereits wach ist, gibt es nichts, was dich zurückhalten kann, außer dir selbst. Damit meine ich deinen Verstand, deine Gedanken. Deine Gedanken sind das Einzige, was dich zurückhält. Du musst dir diese Gedanken anschauen und ihnen nicht erlauben, dir irgendetwas anzutun. Erlaube ihnen nicht, dich zu ängstigen. Denke daran, Selbst-Befragung zu praktizieren. Frage dich, zu wem diese Gedanken kommen. Behalte immer im Sinn, dass es keine Gedanken gibt. Sie alle sind nur eine Fata Morgana.

Du kommst, um mit mir in der Stille zu sitzen. Sei also still. Wisse, dass du müheloses, wahlfreies Reines Gewahrsein bist. Erkenne das tief in deinem Herzen. Sobald Gedanken zu dir kommen, ignoriere sie. Lasse die Gedanken kommen, lasse die Gedanken gehen. Gib den Gedanken absolut keine Aufmerksamkeit, und sie werden aus eigenem Antrieb wieder verschwinden. Aber wenn du sie zu verändern versuchst, wird ihre Kraft um so größer. Denke daran, versuche nicht, gute gegen schlechte Gedanken oder schlechte gegen gute Gedanken auszutauschen. Wann immer Gedanken zu dir kommen, ignoriere sie einfach. Irgendwann morgens, schrei es heraus, so laut du kannst: „Ich bin müheloses, wahlfreies Reines Gewahrsein." Das wird dir ein für alle Mal klarmachen, wer du wirklich bist. Und so gehe dann durch deinen Tag.

Sei still! Wenn du nur still genug sein kannst, wirst du diese ungetrübte Glückseligkeit in dir aufsteigen fühlen. Und du wirst glücklich werden, ohne jeden Grund. Aber das geschieht nur, wenn du still bist, wenn du ruhig bist, wenn du friedlich bist. Sei nicht zwei verschiedene Leute, einer, der zum Satsang kommt und ruhig ist und ein anderer, der den ganzen Tag lang in der Welt mit Menschen argumentiert, an allem etwas auszusetzen hat, ärgerlich wird und gekränkt ist. Sei eine Person. Allumfassendes Bewusstsein. SEI DAS.

Erlaube dir nie, zu glauben, dass in deinem Leben etwas falsch ist. Ertappe dich, bevor es beginnt und sage: „Ich bin müheloses, wahlfreies Reines Gewahrsein." Was immer hochkommt, sage dir das. Wisse die Wahrheit über dich selbst. Gott hat keine Probleme. Du auch nicht. Denn du bist DAS. Ich weiß, diese Lehre scheint für die meisten Leute absurd. Und doch ist dies die Lehre, die seit Anbeginn der Zeit von den Rishis und Weisen propagiert worden ist. Dies ist es. Dies ist eure Gelegenheit zum Aufwachen. Warum sie also nicht nutzen? Lasst nicht einen Moment mehr vorübergehen, in dem ihr glaubt und denkt, dass irgendwo irgendetwas falsch sei. Alles, was heute in dieser Welt geschieht, ist auch bereits vorher geschehen. Andere Zeiten, andere Leute, andere Orte. All solche Dinge sind schon vorher geschehen. Sie sind in dieser Welt schon immer geschehen. Das ist die Natur dieser Welt. Es gibt so viele Menschen, die in einer schönen Welt leben möchten, in der es nur immerwährenden Frieden und Ruhe, Freude und Überfluss gibt. Doch das alles ist vorübergehend. So ist diese Welt nicht. Es ist interessant, sobald ihr aufhört an Freude zu denken, wenn ihr aufhört an Traurigkeit zu denken, wenn ihr aufhört an gute oder schlechte Dinge zu denken, dann geschieht wieder etwas Wunderbares. Denn ihr hängt an nichts mehr. Und in diesem Nicht-Verhaftetsein spürt ihr Liebe, Freundlichkeit, Schönheit und Freude auf eine völlig andere Weise. Warum nicht jetzt aufwachen? Werdet ihr das für mich tun? Wacht auf, tut mir den Gefallen. Hört auf, diese Spiele zu spielen.

Seid gnädig mit euch selbst. Haltet die Gedanken an, die euch ärgerlich oder traurig machen. Vergesst die Vergangenheit. Wenn ihr nicht der Verstand seid, nicht der Körper seid, wie könnt ihr dann die Vergangenheit sein? Kümmert euch nicht um den Körper, das Individuum. Sorgt euch nicht um die Vergangenheit. Denn es gab weder einen Anfang noch gibt es ein Ende. Ihr wurdet nie geboren, ihr könnt nie sterben. Ihr existiert nicht. Versucht nicht zu analysieren, was ich sage. Seid es einfach. Wenn ihr zu euch selbst sagt: „Ich bin müheloses, wahlfreies Reines Gewahrsein", dann transzendiert das die Vergangenheit, die Zukunft, es transzendiert alles und lässt euch aufwachen zu dem Selbst, das ihr jetzt seid. Erwacht jetzt zu diesem Selbst! Wacht auf! Erwacht dazu, genau jetzt! Zum wahren Selbst.

Sei ruhig, dummer Verstand, lass die wahre Sonne durchscheinen! Lasst uns jetzt für einige Momente die Augen schließen. Sagt zu euch selbst: „Ich bin wahlfreies, Reines Gewahrsein. Ich bin müheloses, Reines Gewahrsein. Ich bin wahlfreies, müheloses Reines Gewahrsein." Und seid still und beobachtet. Beobachtet, wie der Verstand verschwindet, wie der Körper verschwindet.

VERTRAUE DER KRAFT, DIE DEN WEG KENNT

Seht, ihr lebt in einem Universum, das aus sich selbst heraus existiert, das in sich selbst ruht. Das bedeutet, alle eure Bedürfnisse werden von innen heraus erfüllt. ALL EURE BEDÜRFNISSE WERDEN VON INNEN HERAUS ERFÜLLT. Aber das wird nur geschehen, wenn ihr das so akzeptiert. Wenn ihr glaubt, dass eure Bedürfnisse von einer Person, einer Sache, einem Ort befriedigt werden können, dann werdet ihr immer vor einem Kampf stehen, weil ihr auf einen besseren Job oder mehr Geld oder auf jemanden hofft, der eure Probleme löst. Das alles sind falsche Erwartungen. Wenn ihr nur lernen würdet, euch auf das Selbst zu verlassen, dann würden in eurem Leben Wunder geschehen! Wenn ihr euch nur auf euer Selbst verlassen würdet. Und wie lernt ihr, euch auf das Selbst zu verlassen? Indem ihr dem Leben vertraut. Ihm vertraut, so wie es ist. Ich sage nicht, ihr sollt bestimmten Leuten oder bestimmten Situationen, bestimmten Bedingungen vertrauen. Ich sage nur, vertraut dem Leben. Indem ihr das tut, geht ihr über Menschen, Dinge oder Situationen hinaus. Ihr vertraut der Grundessenz der gesamten Existenz. Ihr vertraut dem Bewusstsein. Mit anderen Worten, ihr fühlt und glaubt in eurem Herzen an die Kraft, die den Weg kennt. Ihr seid daraus hervorgegangen. Somit seid ihr auch Das. Denn ihr seid Es. Ihr seid selber diese Kraft. Und ihr fühlt euch gut damit. Das meine ich, wenn ich sage, vertraut der Kraft, die den Weg kennt.

Es gibt in eurem Leben nichts zu reparieren, nichts zu verändern, nichts zu leisten. Es gibt nichts zu tun, außer in der Kraft zu verweilen, die den Weg kennt. Es ist so einfach und doch für manche von uns so schwierig. Es ist hart, weil wir den Gedanken erlauben, da zu sein und alles zu verderben. Ihr müsst eure Gedanken, euer Denken kontrollieren. Wenn ihr frei seid vom Denken, werdet ihr immer im Bewusstsein verweilen. Das ist die Kraft, die den Weg kennt. Und bald werdet ihr sehen, wie ihr von Tag zu Tag glücklicher seid. Friedvoll, harmonisch.

Was kann dich wirklich stören und traurig oder ängstlich machen? Nur etwas, von dem du glaubst, dass es dir geschehen könnte. Aber wenn du im ewigen Jetzt lebst, wenn du in diesem Moment existierst, und das tust du ja, gibt es in diesem Moment ein Problem? Es gibt kein Problem in diesem Moment. Nur wenn du an Morgen oder nächste Woche oder übernächste Woche denkst, dann denkst du an Probleme. Aber wenn du lernst, zentriert in diesem Moment zu bleiben, wo nichts geschieht, dann wird dieser Moment zum nächsten Moment werden. Und der nächste Moment wird zur nächsten Stunde, zum nächsten Tag, zur nächsten Woche, zum nächsten Jahr. So gilt es zu leben, von Moment zu Moment. Aber was machen wir? Wir strecken diese Momente zu Tagen. Wir möchten die Zukunft sehen. Wir glauben, dass uns etwas passieren wird, morgen oder übermorgen oder über-übermorgen. Aber nichts kann uns je geschehen, es sei denn du erlaubst es. Du erlaubst es, indem du daran glaubst, darüber nachdenkst. Du stärkst es, indem du dich davor fürchtest. Aber ich sage dir, es gibt in Wirklichkeit im ganzen Universum nichts, vor dem du Angst haben müsstet. Es gibt keine Angst. Angst existiert nicht. Nur das Selbst existiert. Erkenne die Bedeutung dieser Worte. Nur das Selbst existiert und ICH BIN DAS. Das ist eine tiefgründige Feststellung.

ES GIBT NUR EINE WAHRHEIT, UND DU BIST DAS

Alles ist gut. Alles ist gut. Alles ist perfekt. Vergiss das nie. Denke nicht darüber nach. Versuche nicht es zu analysieren. Akzeptiere es einfach im Herzen. Alles ist gut, Punkt, Ende. Die meisten von uns sind hier, weil wir selbst-verwirklicht werden möchten. Wir wollen Moksha, Befreiung, Erwachen erleben. Es gibt drei Punkte, an die du dich immer erinnern solltest. Wenn dir das gelingt, bist du bereits erwacht. Du musst diese drei Punkte in deinem Herzen bewahren. Indem du sie verinnerlichst, sie verdaust, zur lebendigen Verkörperung von ihnen wirst, bist du Bewusstsein, Reines Gewahrsein, alles was du ja schon bist.

Der erste Punkt: Was immer deinem Körper oder deinem Verstand zu widerfahren scheint, ob du Krebs hast, Aids, Pest, ob du der stärkste Mensch der Welt bist, ob du depressiv, desillusioniert bist, oder ob dein Verstand sich glücklich und ruhig fühlt, WAS IMMER DEINEM VERSTAND ODER DEINEM KÖRPER WIDERFÄHRT, ERINNERE DICH: ES GESCHIEHT NICHT DIR.

Du hast absolut nichts damit zu tun. Es ist völlig egal, was in deinem Leben geschieht. Du kannst auf materieller Ebene der glücklichste Mensch der Welt sein, oder du kannst unglücklich oder krank sein. Es hat nichts mit dir zu tun. Es hat absolut nichts mit dir zu tun. Das ist dein Körper und dein Verstand, nicht DU. Du bist Brahman. Du bist Nirvana. Du bist die Absolute Realität. Was mit deinem Körper und deinem Verstand vor sich geht, hat absolut nichts mit dir zu tun. Das ist der erste Punkt.

Der zweite Punkt, den du immer bedenken solltest, ist: ALL DEIN KARMA, DEINE SAMSKARAS, DEINE UNTERLASSUNGS-SÜNDEN, DIE SÜNDIGEN HAND-LUNGEN, FÜR DIE DU VERANTWORTLICH BIST – NICHTS VON ALL DEM KANN DICH BERÜHREN, WENN DU DICH IM HIER UND JETZT ZENTRIERST. Mit anderen Worten, das Hier und Jetzt ist Allgegenwärtigkeit. Das Hier und Jetzt ist Allumfassend, Allwissend, das Hier und Jetzt ist Bewusstsein. Das Hier und Jetzt ist Grenzenloser Raum, müheloses Reines Gewahrsein. Wenn du dich an das Hier und Jetzt hältst und dich mit ihm identifizierst, ist die Vergangenheit nicht mehr gültig. Im Hier und Jetzt gibt es keine Vergangenheit und keine Zukunft. Da gibt es ICH BIN. Da gibt es die Ultimative Realität, Ultimative Einheit und DU BIST DAS. Wenn du im Hier und Jetzt lebst, gibt es kein Karma mehr, Samskaras lösen sich auf, Sünden sind vergeben, du wirst sozusagen wiedergeboren. Du bist der neue Mann, die neue Frau. Du bist frei.

Der dritte Punkt, den du immer bedenken solltest, ist: DU MUSST ABSOLUT NICHTS AUFGEBEN. Nichts hingeben. Nichts loslassen. Du bist schon befreit. Wie kannst du glauben, du müsstest etwas loslassen, das nie existiert hat? Du glaubst, du musst deine Anhaftungen aufgeben. Wie kann das Selbst Anhaftungen haben? Du denkst, du musst all deine Ängste, deine Depressionen, alles, was dich immer gestört hat, hingeben. Wem hingeben? Diese Dinge sind nicht dein. Sie gehören nicht zu dir.

Du bist Reine Realität. Du bist das Unvergängliche Selbst. Du wurdest nie geboren, du hast nie existiert, du wirst nie vergehen. DU BIST DAS EINE, DAS ALLUMFASSENDE EINE. Folglich musst du absolut nichts aufgeben. Denn du hattest ja nie etwas. Es ist wirklich egoistisch zu denken, du hättest etwas, das aufzugeben wäre. Du musst nichts hingeben. Es ist nur das Ego, welches denkt, es müsste etwas hingegeben oder aufgegeben werden, du müsstest etwas loslassen. Wer ist derjenige, der

je etwas hatte? Da ist niemand. Da ist nur die Eine Realität und
DU BIST DAS.

Erinnere dich an diese drei Punkte, verinnerliche sie, ver-
daue sie, werde zu ihrer lebendigen Verkörperung. Das ist alles, was du tun musst. Wenn du dich an diese drei Punkte erinnerst, brauchst du keine Übungen und kein Sadhana zu machen. Du brauchst keine Mantren oder Meditationen, denn du
bist bereits erwacht. Noch einmal: Es ist das Ego, das meditieren und Sadhana praktizieren muss. Bist du das Ego? Wer bist
du? Was bist du? Wo bist du hergekommen? Was machst du
hier? Wo gehst du hin? Die Antwort auf all diese Fragen ist:
ICH BIN. ICH BIN. ICH BIN NICHT DIES. ICH BIN
NICHT DAS. ICH BIN. ICH BIN DAS, WAS IMMER WAR.
ICH BIN DAS, WAS IMMER SEIN WIRD. ICH BIN WAS
ICH BIN.

Dein Swarupa ist Absolute Realität. Du bist nicht die Person, mit der du dich identifizierst, die schlafen geht und wieder
aufwacht, die durch Erfahrungen geht, sich sorgt, denkt, sich
ärgert, mal glücklich und mal unglücklich ist. Das bist nicht
du. Denke nicht länger an dich als diese Person. Wenn du am
Morgen aufwachst, tue einen tiefen Atemzug und erkenne die
Wahrheit über dich selbst. Sage dir als allererstes am Morgen,
ICH BIN BRAHMAN, ICH BIN DAS UNVERGÄNGLICHE
SELBST. Kugeln können mich nicht töten. Feuer kann mich
nicht verbrennen. Wasser kann mich nicht ertränken. ICH
BIN DAS. Erfreue dich an deinem wahren Selbst. Spüre die
Freude in deinem Herzen. Fühle deine Realität in der Stille,
in der Ruhe, ohne Verstand, ohne Gedanken, ohne Worte. Wer
bist du dann? Du Bist nur.

Alles, was ich sonst noch sagen könnte, ist überflüssig. Es
gibt so viele Worte, so viele Geschichten, so viele Lehren.
Dabei reicht es völlig, wenn du diese drei Punkte immer wieder erinnerst. Warum noch weiter sprechen? Je mehr Worte ihr
hört, desto konfuser werdet ihr. Eigentlich war die erste Stunde, die ihr in Stille gesessen habt, die beste Zeit für euch. Es

gibt bestimmte Worte, einige wenige Worte, die ihr hören müsst, und dann ist da nur die Stille, in der ihr immer sein solltet. Es ist interessant, dass die Worte, die ich zu euch spreche, eigentlich die Stille sind. Das sind die Worte der Stille, der Wahrheit, der Unendlichen Wahrheit, der Realität, des Bewusstseins, der Glückseligkeit, des Reinen Gewahrseins, der Höchsten Vereinigung, all das ist das Selbst. Und DU BIST DAS.

GOTT

Wenn du ohne Gedanken bist,
wenn du ohne Bedürfnisse, ohne Wünsche,
ohne Verlangen bist,
dann bist du Gott.
Du bist das Universum.
Du bist Göttliche Liebe.
Du bist Schönheit.

WAS IST, ...IST GOTT

Ein Schüler von Ramana Maharshi, der schon über fünfund-
zwanzig Jahre mit ihm war, hatte einen Sohn verloren und war
voller Trauer. Er bat um eine Audienz bei Ramana. Zwischen
zwölf und zwei Uhr mittags pflegte Ramana zu ruhen. Aber er
stimmte trotzdem zu, seinen Schüler zu sehen. Als dieser die
Halle betrat, ruhte Ramana mit geschlossenen Augen auf seinem Sofa. Der Schüler begann zu weinen und sprach von seinen Sorgen und wie sehr er seinen Sohn geliebt hatte. Dann
fragte er Ramana: „Was ist Gott?" Ramana antwortete nicht.
Er blieb ungefähr fünfzehn Minuten lang still. Dann öffnete er
seine Augen und sagte sehr sanft: „Was ist, ist Gott." Es ist
ungefähr so, als ob jemand fragt: „Ist die Welt real?" Die Welt
an sich ist eine Illusion. Aber Gott als die Welt ist real. Im Zuge
unserer Entwicklung erkennen wir, dass es nie einen Gott und
nie eine Welt gab. Aber drücken wir es einmal so aus: Weil Gott
ist, ist auch das Universum.

Alles, von der kleinsten Mikrobe zur gewaltigsten Galaxie,
ist Ausdruck von Gott. Alles ist Gott. Jedes Blatt, jedes Stück
Ton, jeder Stern, jeder Planet hat für sich selbst keine existen-
tielle Basis. Weil Gott ist, ist alles andere.

Das meinte Ramana, als er antwortete: „Was ist, ist Gott."
Er versuchte dem Schüler zu erklären: Dein Sohn stirbt, das ist
Gott; dein Sohn lebt, das ist Gott. Es gibt keinen wirklichen
Unterschied. Nur in deinem Verstand. Wir unterscheiden nur
mit dem Verstand. Wenn der Verstand still wäre, gäbe es keinen Unterschied zwischen Leben und Tod. Wir machen Unter-
schiede, weil wir denken. Es ist ein mentales Konzept, wonach
es schlecht ist, wenn jemand stirbt und gut, wenn jemand lebt.
Eigentlich gibt es keinen Unterschied. Es gibt nur Gott. Und
alles, was existiert, alles ist Gott. Es kann nichts geben außer
Gott.

Aber dann sage ich, Gott existiert nicht, außer in deinem
Verstand. Das ist der Grund, weshalb in Wahrheit nichts existiert. Kannst du dem folgen?

Solange du denkst, wird es Existenz geben, Menschen, Orte
und Dinge. Aber wenn du aufhörst zu denken, ist kein Raum für
die Existenz mehr da, denn es kann nicht Stille und Existenz
zugleich geben. Jede Erscheinung steht im Widerspruch zur
Stille. Stille ist Bewusstsein, Absolute Realität, Sat-Chit-
Ananda. Das Selbst existiert als Es-Selbst. Wenn du aber beginnst das zu differenzieren, dann wirst du sagen, gut, Gott existiert. Gott ist die erste Abwandlung von Bewusstsein, und es
ist Gottes Aufgabe, die Welt zu erschaffen und die Welt dann
aufzulösen und die Welt dann wieder zu erschaffen.

Wer hat Gott diese Aufgabe gegeben? Henry? Henry hat es
nicht getan. Wer dann? Warum würde Gott Welten erschaffen, Universen, sie dann wieder auflösen und nach einer Weile
wieder neu erschaffen? Und doch lesen wir das in vielen Schriften. Diese Information ist für den Ajnani, für den durch und
durch Unwissenden. Diesem Mann muss man erklären, wie die
Welt begann, sonst wird er nicht zufrieden sein. Darum lässt
man sich die ganzen Differenzierungen einfallen. Da ist das
Selbst und das Selbst ist Bewusstsein. Bewusstsein differenziert
sich selbst und da ist Gott. Gott differenziert sich selbst und es
entsteht die Existenz.

Ramana erkannte: Würde er dem Schüler das so erklären, würde dieser das nicht verstehen. Wenn er ihm gesagt hätte, dass nur das Selbst existiert und sein Sohn nicht gestorben ist, weil er nie geboren wurde, wäre das zuviel für ihn gewesen. Deshalb sagte er statt dessen: Nur Gott ist. Was ist, ist Gott. Das konnte der Schüler verstehen, denn so war sein Sohn in Gottes Hand, und alles war gut.

Wenn wir allerdings einen forschenden Verstand haben, werden wir die Frage stellen: „Wo kam Gott her und warum erscheint Gott in Form all dieser Dinge? Was ist die Absicht?" Die meisten wissen, dass es keine Absicht gibt. Nichts existiert so wie es scheint. Deine wahre Natur ist Reines Gewahrsein. Reines Gewahrsein ist allumfassend. Da ist kein Platz für irgendetwas anderes. Mit anderen Worten: Es kann nicht die Existenz geben, so wie sie erscheint, und Reines Gewahrsein. Ansonsten gäbe es die Vielfalt, welche uns die Erscheinungen vorspiegelt. Da ist der schöne Baum, der Himmel, da sind die Blumen, die Tiere, die Insekten. Wenn Reines Gewahrsein oder das Selbst nur sich selbst enthält, wie kann es dann irgendetwas anderes geben? Wo sollte der Raum herkommen?

Mit Raum ist das genauso. Stelle dir ein mit Möbeln gefülltes Zimmer vor: Was geschieht mit dem Raum, den diese einnehmen? Dann nimmst du die Möbel aus dem Zimmer heraus. Hat der Raum sich verändert? Mit dem Raum hat sich nichts verändert. Der Raum ist der Gleiche, ob das Zimmer voller Möbel ist oder nicht. Genau so ist es mit der Realität. Die Realität existiert. Das Selbst existiert als Selbst. Aber es scheint, als gäbe es Dinge im Universum, als ob es ein Universum gäbe. Da sind Menschen, da sind Tiere, da sind Planeten. Da ist ein Pflanzenreich und ein Mineralienreich. All das erscheint real. Darum musst du fragen: „Wem erscheint das? Wer sieht das?" Du weißt inzwischen, es ist das „Ich". DAS „ICH" IST DER ÜBELTÄTER. Nur wegen dieses „Ichs" gibt es das Universum, gibt es Gott, gibt es die Schöpfung.

Das konnte Ramana dem Schüler nicht sagen, er hätte es

nicht verstanden. Deshalb sagte er: „Was ist, ist Gott." Die Welt scheint zu existieren. Aus sich selbst heraus könnte die Welt nicht existieren. Also ist der nächste Schritt zu sagen: Gott existiert als die Welt. Aber ich sage euch, es gibt keinen Gott und es gibt keine Welt und nichts ist so, wie es erscheint. Die Erscheinungen nennt man falsche Vorstellungen. Und wer ist daran schuld? Das „Ich". Gib dem „Ich" die Schuld. Wann immer du einen Fehler machst, sage, das ist die Schuld des „Ich", denn es gibt keine Fehler. Es hört sich lustig an, weil es so wahr ist. Wenn du dich nicht mit dem „Ich" identifizieren würdest, würde nichts existieren. Dinge existieren nur, weil du dich mit deinem „Ich" identifizierst.

Nun, das großartige Geheimnis ist, dem „Ich" zurück zu seiner Quelle zu folgen. Wenn du dem „Ich" wirklich zur Quelle folgst, dann gibt es keinen Gott. Wo sollte Gott herkommen? Sogar jetzt, wenn ich über Gott spreche, denken einige von euch sicher an eine Figur oben im Himmel, eine Art antropomorphe Gottheit. Wer hat ihn geschaffen? Es ist die gleiche alte Frage: Wenn Gott das Universum geschaffen hat, wer hat dann Gott geschaffen? Es gibt keine verbale Antwort, weil sie jenseits von Gedanken ist. Du erfährst die Anwort auf diese Frage nur, wenn dein Verstand ruhig ist. Wenn der Verstand nicht mehr existiert, wird sich die Antwort offenbaren, denn du selber bist die Antwort. Ansonsten gibt es keine Antwort. Aber ich kann euch versichern, es gibt keinen Gott. Es gibt keine Schöpfung und es gibt kein Universum. Also gibt es auch keine Welt. Und es gibt auch dich nicht. Es gibt kein „Ich".
WAS BLEIBT ÜBRIG? STILLE!

WER VEREHRT GOTT?

Ich weiß, viele von euch sind Bhaktas und ich nehme euch euer Vergnügen. Ich nehme euch den Gott weg, den ihr verehrt, sei es in Form von Buddha, Krishna, Jesus, Moses oder wen auch immer ihr verehrt. Aber ich spreche auf vielen Ebenen. Für den Jnani ist die Existenz eines Gottes außerhalb von dir so gut wie unmöglich. Und doch, Leute wie Nisargadatta Maharaj, Bhagavan Ramana Maharshi und viele andere Jnanis übten Bhakta aus. Ramana pflegte zu Shiva in Form des Arunachala zu beten. Auch Nisargadatta betete zu Shiva. Die Frage ist, warum taten sie das? Die Antwort ist: Zum Nutzen anderer.

Um zu dem Punkt zu gelangen, wo Gott für dich nicht mehr existiert, musst du sehr weit fortgeschritten sein. Ich erwarte nicht von euch Bhaktas, eure Verehrung aufzugeben. Ihr wisst, sonntags machen wir hier Pujas und Gesänge. Zu wem singen wir? Zu Hari, zu Ram, zu Shiva.

Ich muss euch noch einmal sagen: Solange ihr glaubt, der Handelnde, der Körper und der Verstand zu sein, betrügt euch nicht selber, indem ihr denkt, ihr seid das nicht. Denn wenn ihr es nicht wäret, würdet ihr nicht in der Weise auf Situationen reagieren, wie ihr es tut. Also solange ihr denkt, dass Dinge wirklich sind, müsst ihr weiter zu Gott beten, denn Gott existiert für euch.

Man kann Gott das Gesetz des Karma nennen. In Wahrheit existiert Karma nicht. Aber wie viele kennen diese Realität? Darum ist es das Beste, wenn ihr weiter die Jnana Übungen macht, eure Pujas weitermacht. Gebt das nicht auf. Welche Übungen ihr auch macht, gebt sie nicht auf. Aber praktiziert Selbst-Befragung. Wenn ihr das tut, werdet ihr etwas sehr Interessantes an euch beobachten. Ihr werdet bemerken, dass ihr nach und nach eure Anbetung aufgebt, langsam aber sicher, bis der Tag kommt, an dem ihr selber zum Objekt eurer Anbetung werdet. Wenn du zu Krishna gebetet hast, wirst du dich selbst als Krishna sehen und so weiter. Wenn du schon zu früh versuchst wie ein Jnani zu handeln, dann wirst du eine Menge Probleme haben, denn du wirst eine „Das ist mir egal"-Haltung einnehmen, und das ist nicht das, wovon wir hier sprechen.

Ich werde euch sagen, wie ein Jnani handelt. Es gab einmal einen Jnani, der ganz alleine in einer kleinen Berghütte lebte.

Er war volkommen glücklich. Eines Tages kam er von einem Spaziergang zurück und sah, wie Diebe in sein Haus einbrachen. Er schlich sich ans Fenster um zu sehen, was sie mitnehmen würden, denn natürlich besaß er nichts. Da lag nur eine zerrissene Decke auf der Erde. Die Diebe fluchten und einer sagte zum anderen: „Dieser Kerl hat überhaupt nichts hier. Lass uns die Decke nehmen und verschwinden." Und sie nahmen die Decke mit.

Am nächsten Tag spürte er intuitiv, dass die beiden Diebe von der Polizei geschnappt worden waren. Er lief hinunter zur Polizeistation um zu sehen, was geschehen würde. Als der Beamte ihn sah, sagte er zu ihm: „Komm herein. Sind dies die Männer, die dir etwas gestohlen haben?" Und er sagte: „Ja." Und der Polizist fragte ihn: „Was haben sie mitgenommen?" Er antwortete: „Sie nahmen meinen Hut und mein Hemd und meine Hose und meine Schuhe." Die beiden Diebe begannen zu schreien: „Dieser Mann ist ein Lügner. Er besaß gar nichts, nur eine zerrissene Decke." Und der Beamte sagte: „Ist das wahr?" Der Jnani antwortete: „Wenn ich die Decke über meinen Kopf lege, wird sie zu meinem Hut. Wenn ich sie um meine Schultern lege, wird sie zu meinem Hemd. Wenn ich sie um meine Hüften binde, wird sie zu meiner Hose. Und wenn ich darauf laufe, wird sie zu meinen Schuhen." Natürlich lachte der Beamte und sagte: „Soll ich sie anzeigen?" Und der Jnani sagte: „Nein." Die beiden Diebe wurden seine Schüler.

Diese Geschichte sagt aus, dass ein Jnani nicht jemand ohne Mitgefühl ist. Ein wahrer Jnani besitzt mehr Liebe und Mitgefühl als jeder andere. Aber es ist von nichts abhängig, und er wird der erste sein, der jemandem zu Hilfe eilt. Es hört sich wie ein Widerspruch an, ist es aber nicht. Denn während der Jnani im Körper ist, fällt der Körper unter die Zuständigkeit des Jnani und wird zum Instrument für Gutes in dieser Welt. Du kannst einen Jnani nie beurteilen, weil du keine Ahnung hast, was ein Jnani ist. Ein Jnani kann genauso leidenschaftlich wie ein Bhakti zu Gott beten. Doch der Jnani weiß, es gibt keinen Gott; er betet um der anderen willen.

Wenn ich also sage, es gibt keinen Gott und kein Universum, es gibt keine Welt und keine Menschen, es gibt nur Absolute Realität, nehmt das nicht zu ernst. Schaut, wo ihr herkommt. Seid ehrlich zu euch selbst. Haltet euch nicht zum Narren. Wo auch immer ihr gerade seid, was immer ihr gerade durchmacht, wenn ihr in der Stille sitzt und Selbst-Befragung praktiziert, wird etwas in euch in Bewegung kommen. Etwas wird geschehen. Ihr werdet sehen, dass eure Gefühle sich verändern, Reaktionen sich verändern. Ihr werdet weniger selbstsüchtig sein, eine liebevolle Freundlichkeit entwickeln, ihr werdet verstehen, was es mit dem Universum auf sich hat. Und ihr werdet in Frieden sein.

Robert, glaubst du, dass Gottesanbetung oder der Glaube an Gott die Verwirklichung verhindert?
Im Gegenteil, Gottesanbetung macht dich rein. Es macht dich rein genug, so dass du das Ich zurück zur Quelle verfolgen kannst. Wenn du hingegen Gott nicht anbeten würdest, wüsstest du alles nur intellektuell und hättest ein hartes Herz. Die Anbetung Gottes weicht dich auf, macht dich abgeklärt, freundlich, richtet dich auf ein Ziel aus und erhebt dich. Anbetung Gottes ist in jedem Fall gut. Aber welchen Gott wirst du anbeten? Gott in Form eines Sat-Gurus oder in Form von Buddha oder Christus anzubeten ist noch besser.

Warum?
Wenn du zu Gott ohne eine Form betest, ist die Energie nicht so stark. Denn welche Art Gott betest du an? Einen unsichtbaren Gott ohne Form, ohne Gestalt. Deshalb hast du Zweifel. Du bist dir nicht so sicher. Und die Energie, die du aussendest, ist nicht so stark. Aber wenn du Gott als Form anbetest, kannst du diesem Gott all deine Energie geben oder dich ihm total hingeben. Das Ziel von Anbetung ist, letztendlich dein Ego, deinen Stolz, deinen Körper, all deine Angelegenheiten, dein ganzes Leben dieser Gottheit hinzugeben. Dann wirst du zu dieser Gottheit selbst.

Robert, ist es besser, sich auf eine bestimmte Form zu fokussieren?
Ja, natürlich. Weil es dich zielgerichtet macht. Es macht den Verstand zielgerichtet. Dadurch wird dein Verstand zu deinem Diener. Und schließlich verschwindet der Verstand. Es ist wie mit der Sonne. Wenn die Sonne ihre Strahlen überall hin ausbreitet, dann ist das nicht so stark, als wenn sie einen Strahl auf einen bestimmten Ort bündelt. Ein Feuer würde sich entwickeln, so stark könnte das sein. Aber wenn die Sonne ihre Strahlen zerstreut, sind sie nicht so mächtig. Wenn du also mehrere Gottheiten anbetest, zerstreust du deine Energie und die Anbetung ist nicht so stark.

Auch, wenn man sie als mehr oder weniger repräsentativ für das gleiche Bewusstsein betrachtet?
Das ist schwierig. Du kannst nicht Buddha und Christus und Muhammed und Krishna gleichzeitig anbeten.

Ich dachte, es wäre vielleicht möglich, weil sie doch alle Christus-Bewusstsein sind.
Wie willst du sie verehren? Wie wirst du das tun?

Als Einheit.
Wie machst du das? An was wirst du denken?

An das zugrundeliegende Bewusstsein, welches sie alle repräsentieren.
Wenn du das tun kannst, wäre es gut, es wäre wunderbar. Aber ich glaube immer noch, du denkst an jeden Einzelnen und zerstreust deine Energie. Wenn du hingegen nur einen hast, werden sie schließlich alle in der Einheit miteinander verschmelzen. Mit anderen Worten: Wenn du Krishna anbetest, wenn du Krishna richtig anbetest, dann werden schließlich Buddha, Christus, Shiva, alle werden zu Krishna. Am Anfang ist es besser, nur einen zu verehren. Dann wird das ganze Universum zu diesem Einen.

IST GOTT ALLES DURCHDRINGEND?

Es war einmal ein heiliger Mann, der starb und kam zum Himmel. Er näherte sich dem Himmelstor und klopfte an. Gott kam heraus und fragte: „Was willst du?" Der heilige Mann antwortete: „Ich bin dein Diener. Ich bin gekommen." Gott sagte: „Tut mir leid, hier ist kein Platz für dich. Auf Wiedersehen. Du kannst nicht hereinkommen."

Der heilige Mann setzte sich und begann, schweigend vor sich hin zu starren, um darüber nachzudenken. „Warum will Gott mich nicht einlassen? Ich bin gut gewesen. Ich habe die heiligen Schriften befolgt." Sechs Monate lang dachte er darüber nach. Schließlich sagte er zu sich selbst: „Ich habe die Antwort." Er klopfte ans Tor und Gott erschien. Er sagte: „Lass mich herein. Ich bin dein demütiger Diener. Ich bin der, der jahrhundertelang deinen Namen gesungen hat, der sich vor dir verbeugt, der zu dir gebetet hat."

Gott sagte: „Tut mir leid, hier ist kein Platz für dich." Und wieder verschloss er die Tür. Diesmal wurde der heilige Mann sehr ärgerlich. Er verstand nicht, was das Problem war. Er war ein guter Mensch, ein heiliger Mensch gewesen. Warum wollte dieser Kerl ihn nicht hereinlassen? Er sagte zu sich: „Ich werde hier für immer sitzen bleiben, wenn es sein muss, bis ich die richtige Antwort finde."

Jahrhunderte vergingen, und er dachte nach. Erinnert euch, er war sowieso schon tot, also war das egal (Gelächter). Nach dieser langen Zeit des Nachdenkens machte er eine Pause und fragte sich: „Moment mal, wer ist das Ich, das in den Himmel will? Wer ist das Ich, das Gottes Namen gesungen hat? Wer befolgte die heiligen Schriften? Wer bin ich?"

Plötzlich fing er an zu lachen. Die Antwort war da. Er stand auf und klopfte an der Tür zum Himmel. Gott kam zur Tür und sagte: „Wer ist das?" Der heilige Mann sagte: „Es ist du." Gott öffnete das Tor und sagte: „Komm herein, mein Sohn. Es war nie genug Platz für beide hier, für dich und mich."

So ist es mit uns. Wir behaupten, dass wir selbst-verwirklicht sein wollen. Wir erkennen nicht, dass wir bereits selbstverwirklicht sind. Wir müssen nur den Glauben loslassen, der Handelnde zu sein.

Es ist egal, was du in der Vergangenheit für die Selbst-Verwirklichung getan hast. Sobald du die Wahrheit kennst, bist du frei. Die Wahrheit ist: Es gibt keine Vergangenheit. Es hat nie eine Vergangenheit gegeben. Das Universum hat keine Grundlage. Es wird durch nichts zusammengehalten. Deshalb gibt es auch nichts, was dich sozusagen vom Himmel fernhalten könnte.

Das gibt dir jedoch nicht die Berechtigung, hinauszugehen und Böses zu tun, weil ja doch alles egal ist, absolut nicht! Solange du glaubst, du seist der Handelnde und der Körper/Verstand-Mechanismus, zählt alles, was du tust. Das Gesetz des Karma gilt für dich. Solange du glaubst, menschlich zu sein, kannst du dich nicht durchmogeln.

Solange du glaubst, du seist ein Mensch, ein persönliches Ich, gibt es einen persönlichen Gott. Hier ist das Gebet wichtig. Du betest zu diesem Gott und dir wird geholfen. Dein persönlicher Gott wird sich um dich kümmern, wenn du dich hingibst und aufgibst. Wenn du aufgibst, gibst du dein Ego auf. Du sagst: „Ich bin nichts und du bist alles." Das wird dir helfen. Eines Tages wirst du zu der Tatsache aufwachen, dass der Gott, zu dem du gebetet hast, niemand anderes ist als du selbst.

Wie kann dieser Gott separat von dir sein? Wo sollte er leben? Was wäre seine Natur? Du beginnst zu verstehen: „Ich bin Das." Du findest Frieden in dir selbst. Du beginnst zu sehen: Gott ist nicht in mir, aber ich bin Gott. Was ich Gott genannt habe, ist Bewusstsein. Ich bin bewusst, ich bin gewahr. Ich existiere. ICH BIN. Es gibt nichts anderes. Du beginnst, dich selbst als allgegenwärtig zu sehen. Du bist nicht länger durch deinen Körper oder dein persönliches Ich begrenzt.

Dein Job ist es, den Verstand am Wandern zu hindern. Der Verstand muss von dir angehalten werden. Der Verstand ist nicht dein Freund. Er macht dich menschlich. Er lässt dich glauben, du seist der Körper, du seist getrennt. Wenn du siehst, dass der Körper vom Verstand geschaffen wird, dass er keinerlei Existenz außer in deinem Verstand hat, beginnst du auch zu sehen, dass der Körper des Universums das Gleiche wie dein Körper ist. Eine Manifestation des Verstandes. Das ist der Anfang der Freiheit. Knechtschaft beginnt sich aufzulösen. Du schaust die Welt an und erkennst: Die Welt ist das Selbst. Ich bin dieses Selbst. Es gibt nichts anderes.

Du hast eine Idee von Gott. Kannst du dir vorstellen, dass Gott Angst hat? Kannst du dir Gott vorstellen, wie er sich über Dinge beschwert oder wie er dies oder das als richtig oder falsch beurteilt oder sagt: „Ich möchte lieber dies als das." In Gott gibt es keine Dualität. Das Universum ist ultimative Einheit jenseits aller Konzepte. Der Verstand kann das nicht begreifen.

Sogar wenn das Wort „Gott" nach ICH BIN kommt, wird dein Verstand dich austricksen. Frage: „Zu wem kommt das Wort ‚Gott'?" ICH BIN wird ausreichen. Nur das musst du sein. ICH BIN. Alles andere ist überflüssig. Egal welche Idee du hast, frage, zu wem sie kommt. Horche auf die Stille. Horche auf ICH BIN.

Kann ich mich an das erinnern, was du gesagt hast?
Es gibt etwas in dir, das sich erinnert. Etwas in dir weiß Bescheid. Wenn du still sitzt, lächle einfach, und diese Dinge werden geschehen.

Das ist übrigens eine interessante Frage. Der aufrichtige Schüler hat ein offenes Herz, und so wird die Wahrheit sich offenbaren. Sie mag vom Gehirn vielleicht nicht erinnert werden, aber das Herz vergisst nie. Und wenn du in der Stille ruhst, einfach still sitzt und ruhig bleibst, wird sich etwas in deinem Herzen bewegen und du wirst zur lebendigen Verkörperung der Realität, der Wahrheit, des Selbst. Verbringe immer Zeit mit dir allein, sitze alleine in Stille, ganz ruhig. Sei still und wisse: ICH BIN GOTT.

Vor vielen Jahren habe ich einen ganzen Tag lang während der Arbeit meine Selbst-Befragung fortgesetzt. Ich tat das einfach so, und ließ alles geschehen, ohne daran herumzumachen. Ohne mein Zutun lösten sich alle Probleme auf, bis ich nach Hause kam. Dort legte ich mich dann für einen Moment hin. In mir passierte eine Wende, ein Richtungswechsel, und das unerhöhrte Sein und Strahlen dessen, was da war, die unglaubliche Intensität und Totalität erschreckten mich absolut. Deshalb bin ich wieder umgekehrt. Ich glaube, ich war wahrscheinlich noch nicht reif für solch eine Erfahrung.

Du hast nichts damit zu tun und du hast nichts darüber zu sagen. Wenn es dir passiert, wird es total und komplett geschehen. Du hast einen kurzen Einblick erhalten und offensichtlich einen ganz schön umfassenden. Aber wer bist du, dass du sagen kannst, du bist nicht reif dafür?

Nun, weil ich wieder umgekehrt bin...
Du sprichst, als seist du eine Autorität in Sachen Gott, dass du etwas damit zu tun hast. Wenn Gott für dich bereit ist, wird er dich vollständig übernehmen. Und du wirst da nicht mitzureden haben. Aber das war eine gute Erfahrung. Wenn es wieder passiert, gib dich hin. Gib dich total hin und habe keine Angst. Das ist wunderschön. Nichts kann dich je verletzen. Es ist alles Glückseligkeit. Es ist alles Liebe, Freude.

Das meine ich, wenn ich sage, kann ich das wirklich erinnern?
Es wird sich an dich erinnern.

Es wird sich an mich erinnern? Ich hatte nichts damit zu tun.
Nein.

Was geschieht beim Sterben?
Was geschieht beim Sterben? Was möchtest du, dass geschieht? Wer stirbt? Das Ego stirbt. Der Körper stirbt, aber du stirbst nie. Du wirst für immer leben. Nichts geschieht wirklich.

Ich weiß, ihr habt alle möglichen Geschichten von verschiedenen Bereichen und Ebenen der Existenz gehört. Das ist alles Teil des Traums. Du selbst erschaffst diese Dinge. Du erschaffst all diese verschiedenen Ebenen. Die subtile Ebene, die mentale Ebene, die Kausalebene. All diese Dinge, über die du in Yogatexten gelesen hast, stammen aus dem Verstand. Sie alle gehören zum Verstand. Und du glaubst an diese Dinge. Das was du glaubst, bestimmt, wie du gehst. Du erschaffst die Welt nach deinem Tod.

Aber die Wahrheit ist: Niemand stirbt, und es gibt nichts, wohin man gehen könnte. Du bist schon hier. Das ist es. Du bist Ewigkeit. Du bist Unergründlicher Raum. Du bist die Essenz des gesamten Universums. Du bist der Himmel, die Sonne, der Mond, die Blumen, die Tiere, die Insekten, menschliche Wesen, du bist alles. Das ist deine wahre Natur. Niemand stirbt jemals.

Als unsere Freundin über ihr Erlebnis sprach und sagte, dass sie nicht damit umgehen konnte, bedeutet das, dass der Verstand all diese neue Energie oder diese neue Wahrnehmung nicht ertragen konnte? Der Verstand kann damit nicht umgehen, also muss er langsam dazu gebracht werden, die Realität zu akzeptieren?

Nein, nein, im Gegenteil. All diese Erfahrungen kommen aus dem Verstand. Wirklichkeit ist Wirklichkeit. Und dies hier ist deine wahre Natur, jetzt. Was ist es also, das nicht mit der Wirklichkeit umgehen kann, wo es doch deine Natur ist? Dies hier bist du wirklich. Wir haben es hier mit dem Verstand zu tun. Der Verstand erfindet all diese Erfahrungen und lässt dich glauben, dass du nicht damit umgehen kannst, dass es zuviel für dich ist. Arbeite deshalb an der Vernichtung des Verstandes und frage immer wieder, zu wem der Verstand kommt. Wer ist dieser Verstand? Was ist dieser Verstand? Wo kam er her? Wer hat ihn geboren? Und du wirst erfahren: Es gibt ihn nicht. Sobald du weißt, dass es keinen Verstand gibt, gibt es auch keine Erfahrungen mehr, durch die du gehen musst. Alle Erfahrungen hören auf. Sei dir bewusst, dass alle Erfahrungen aus dem Verstand kommen. In Wirklichkeit gibt es keine Erfahrungen. Dieses Leben, welches du jetzt lebst, ist eine Erfahrung. Dieses falsche Leben, welches wir alle leben, das ist die Erfahrung, von der ich spreche. Es kommt alles aus dem Verstand. Der normale Mensch glaubt so sehr an den Verstand, dass er in eine andere Ebene der Existenz übergeht, die er sich selbst mit dem Verstand erschaffen hat, wenn er den Körper zu verlassen scheint. Dann kommt er wieder und nimmt einen anderen Körper an. Es kommt alles aus dem Verstand. Also, ehe du durch all diese Dinge gehst, gehe über den Verstand hinaus und sei frei!

Wie lange dauert es, einen anderen Körper anzunehmen? Ist das eine dumme Frage?
Warum sich um so etwas sorgen? Warum sich über einen anderen Körper Gedanken machen? Es gibt keine Körper. Versuche herauszufinden, wer du wirklich bist, dass du von Anfang an nie ein Körper gewesen bist, und sei frei!

GOTT IST ALLES WAS IST

Es ist gut, wieder mit euch zu sein. Es ist wunderbar, wieder mit euch zu sein. Ich genieße es immer, hierher zu kommen, denn ich fühle, dass es nur das Eine gibt, und wir sind alle das Eine. Es gibt nur das EINE BRAHMAN, das EINE SELBST, die EINE REALITÄT, und wir sind alle DAS. Deshalb mache ich jetzt UNSER Bekenntnis. Das ICH BIN macht euch ein Bekenntnis. Nicht mein Bekenntnis oder Henrys Bekenntnis oder Danas Bekenntnis oder irgendwessen Bekenntnis. UNSER Bekenntnis. Dieses Bekenntnis kommt nicht von einer Person, sondern vom EINEM SELBST, es ist das EINE SELBST.

Schließt eure Augen. ICH BIN grenzenloser Raum, unendlich wie der Himmel, ICH BIN. Keine Person, kein Ort oder Ding, sondern ICH BIN. ICH BIN wahlfreies, müheloses Reines Gewahrsein, ICH BIN Parabrahman. ICH BIN Sat-Chit-Ananda. ICH BIN Höchste Einheit. ICH BIN Absolute Realität. ICH BIN Nirvana. ICH BIN unendlich wie der Himmel. ICH BIN Absolutes Bewusstsein. ICH BIN WAS ICH BIN. ICH BIN. ICH BIN. ICH BIN. Einige von uns wollen wirklich von ganzem Herzen und mit ganzer Seele aufwachen. Doch sie vergessen immer wieder, dass sie den ganzen Kram loswerden müssen, der sie vom Aufwachen abhält. Die Konzepte, die vorgefassten Ideen, die Dogmen, das Glaubenssystem, das sie seit Jahren mit sich herum tragen. Das alles muss aufgegeben werden.

Wir müssen liebevolle Freundlichkeit entwickeln und Mitgefühl. Wenn du ICH BIN bist, dann musst du Ahimsa praktizieren, Gewaltlosigkeit gegenüber allem Lebenden. Denn wenn du zugibst und bekennst: ICH BIN ABSOLUTES REINES GEWAHRSEIN, ICH BIN PARABRAHMAN, dann ist das Allumfassend, Allgegenwärtig. Daher sind die Bäume, die Tiere, die Berge, das Universum, alle sind ICH BIN. Wenn ich den Begriff ICH BIN benutze, glaubt oder denkt nicht, dass damit der menschliche Körper gemeint wäre. Es gibt keinen menschlichen Körper. Der menschliche Körper existiert nicht. ICH BIN BEWUSSTSEIN existiert und dieses ICH BIN BEWUSSTSEIN ist alles.

Alles ist heilig. Glaubt nicht, einige Dinge seien heilig und andere nicht. Alles ist heilig, sogar die Unmenschlichkeit zwischen den Menschen, die Gemeinheiten in der Welt. Es ist schwer für den menschlichen Verstand, diese Dinge zu verstehen, aber alles ist sehr heilig. ALLES IST GOTT. ES GIBT NUR GOTT. Es gibt nichts anderes. Wie kann also irgendwo eine Situation existieren, die zugleich Böse und Gott ist? Das ist Dualität. Und wir wissen und verstehen, dass es keine Dualität gibt. Es gibt nur das EINE, und das EINE ist alles, was existiert. Ihr müsst also anfangen, das in euren Herzen zu spüren. Denn euer Herzzentrum ist Allgegenwärtigkeit, Allumfassend. Es umfasst das gesamte Universum.

Es gibt nichts, worüber du ärgerlich oder verstimmt oder deprimiert sein müsstest, denn das ganze Universum ist Gott und nichts anderes. Du bist nicht dein Körper oder dein Verstand. Wir machen immer noch den Fehler zu glauben, wenn wir ICH BIN BRAHMAN sagen, dann sei damit der Körper gemeint. Dein Körper kann nie Brahman sein. Der Körper ist eine Illusion, eine Fata Morgana. Es gibt nur Brahman, nur Gott, nichts anderes.

WAS IST DHARMA?

Jeder hat sein eigenes Dharma. Dharma bedeutet der richtige Weg. Du bist jetzt in deinem Dharma, was immer es auch sein mag, denn es gibt keine Fehler. Das Dharma, in dem du dich zu befinden scheinst, ist das Resultat des Karma. Deshalb sage ich immer, du bist am richtigen Platz, genau jetzt. Das ist dein Dharma, alles total zu transzendieren und umzuwandeln und frei zu werden. Wenn es kein Karma gibt, dann gibt es auch kein Dharma, es gibt nichts. Aber während du auf der Suche bist, sei für dein Dharma dankbar. Glaube nicht, dass etwas falsch sei oder dass du fehl am Platz seist oder etwas anderes sein solltest. Leute erzählen mir oft: Robert, ich fühle mich so spirituell, ich gehöre wirklich nicht auf diese Erde (Gelächter). Wenn das wirklich so wäre, was machst du dann hier? Warum bist du hier? Solange du hier bist und auch fühlst, dass du hier bist, gehörst du hierher. Das ist dein Dharma.

Dein Dharma ist das, was du zu leben hast. Wenn du das zu ändern versuchst, werden Jahre vergehen, und du wirst alle möglichen Fehler machen und durch alle möglichen Schwierigkeiten gehen. Was immer dein Dharma ist, wurde dir durch dein Karma vorgegeben. Kämpfe nicht dagegen an. Segne es.

Das ist manchmal schwer zu verstehen. Wenn du in schrecklichen, furchtbaren Umständen lebst, dann stellst du dir vor, dass du darin bleiben musst und nichts verändern darfst. Und

das ist die letztendliche Wahrheit. Das ist, was du zu tun hast.
Und du weißt warum. Denn du trägst die Bedingungen in dir,
die die Ebene deiner Erfahrungen bestimmen. Das bedeutet:
Wenn du deine Umgebung änderst, wenn du die Bedingungen
änderst, dann werden die Samskaras und deine Konditionierung dich wieder in eine ähnliche Situation bringen mit anderen Leuten oder in anderer Umgebung, denn du hast dich noch
nicht von diesem Umstand gelöst. Darum musst du die gleiche
Sache immer und immer und immer wieder erfahren. Das kann
man bei Leuten beobachten, die heiraten, geschieden werden,
wieder heiraten und wieder geschieden werden. Sie glauben immer daran, etwas Besseres zu bekommen. Aber sie stecken immer in den gleichen Problemen. Nur neue Gesichter, neue
Leute, aber dieselben Probleme. Wenn du also in einer schrecklichen Ehe lebst oder nicht mit dem Menschen bist, den du
liebst, versuche nicht, das zu verändern, denn du hast dich nicht
geändert. Erkenne nur die Wahrheit. Arbeite an dir selbst und
reagiere nicht auf die Umstände. So kannst du frei sein von
Dharma und Karma. Wenn du anfängst die Wahrheit in dir
selbst zu sehen, wirst du automatisch von der Kraft, die den Weg
kennt, aufgenommen und in die Position oder an den Ort gebracht werden, die dir in diesem Moment entsprechen.

Darum sage ich so oft: Es gibt keine Fehler. Es scheint kompliziert für den begrenzten Verstand, aber du bist genau am richtigen Platz und gehst durch genau die Erfahrungen, die zu diesem Zeitpunkt stimmig für dich sind. Nur wenn du dankbar bist
und deine Lage anerkennen kannst, wirst du aufsteigen und
größer werden und schließlich Befreiung finden. Aber es steht
und fällt mit dir.

Bete nie zu Gott um Erlösung von deinen Problemen. Bitte
Gott nie, dein Leben zu verändern und dir etwas Besseres zu
geben. Das ist falsches Beten. Wenn du zu Gott beten möchtest, dann bitte ihn um die Stärke, die Weisheit und den Mut,
die du benötigst, um die Situation, in der du gerade bist, zu
bewältigen. Das ist korrektes Beten. Versuche nicht, etwas zu

verändern. Sei du selbst. Arbeite an dir. Betrachte die Dinge
in einem neuen Licht. Sieh deine Situation anders an. Nichts
ist gut, nichts ist schlecht. Nur das Denken lässt es so erscheinen. Höre auf, an die Extreme gut und schlecht, richtig und
falsch zu denken. Schau dich lieber selber in diesem Moment
an. Bleibe zentriert. Sieh dich selbst als Göttliches Wesen, als
Unendliches Wesen, vollkommen frei. Bemitleide dich nicht
selbst, weil du in einer Situation bist, die du nicht magst. Das
hält dich noch mehr darin gefangen. Ich habe es vorher schon
erwähnt, sogar wenn du aus der Situation wegrennst, wirst du
einige ihrer Umstände irgendwo anders anziehen. Wegrennen
kann nie die Antwort sein. Dich selber ändern ist die Antwort.
Schau dir dein Leben an und sieh, ob es wahr ist, was ich sage.
Die Veränderungen, die in deinem Leben passiert sind. Ich
kenne so viele Leute, die ihr Zuhause und ihre Familie verlassen haben und nach Indien gegangen sind zum Meditieren oder
um einen Guru oder Lehrer zu finden. Sie kamen sehr deprimiert,
sogar selbstmordgefährdet zurück. Denn sie haben alles aufgegeben. Erinnere dich, du musst nichts aufgeben. Nur mental
sollst du deine Anhaftungen aufgeben.

Sieh die Welt immer als Spiegelung deiner selbst. Du bist
die Welt. Die Welt kann ohne deine Zustimmung nichts sein.
Es hört sich eigenartig an, ist aber wahr. Du musst aufhören,
die Umstände als etwas außerhalb von dir zu definieren. Ich
weiß, es scheint schwierig, das fertig zu bringen. Wenn du an
die Krawalle denkst, die es gerade gab, an die Morde, die Plün-
derungen, scheint es schwierig zu erkennen, dass du Eins damit bist. Aber denke darüber nach. Warum solltest du nur mit
den guten Dingen Eins sein? Wenn du Eins bist, dann bist du
Eins mit allem, niemals nur mit den guten Dingen, die du genießt und magst und in dein Leben bringst. Du bist Allumfassend, Allgegenwärtig, und du bist Eins mit allem was ist. Die
korrekte Weise das zu beobachten ist, alles in der Welt mit
Intelligenz anzuschauen – ohne Kommentare, ohne Reaktionen.
Sei nicht für oder gegen irgendetwas. Trainiere dich, ohne

Reaktion zu beobachten, wahrzunehmen, zu schauen. Du kannst zur Übung mit kleinen Dingen anfangen. Arbeite zuerst an den kleinen Dingen. Zum Beispiel wenn du hinausgehst und einen Strafzettel an deinem Auto findest. Reagiere diesmal überhaupt nicht darauf. Sieh einfach die Situation, schau sie dir ohne Kommentar, ohne Reaktion an. Zahle den Strafzettel und vergiss ihn. Denke nicht, das ist gut, das ist schlecht, das ist unverschämt, das ist falsch, das verdiene ich nicht. Wenn du es nicht verdient hättest, wäre es nicht passiert. Oder sagen wir, du stößt mit deinem Zeh an irgendetwas. Statt den Stuhl zu verfluchen und verärgert zu sein, fühle einfach den Schmerz, nimm ihn wahr, beobachte ihn und lass ihn gehen. So solltest du auf alles, was in deinem Leben geschieht, reagieren. Jemand betrügt dich und du überlegst sofort, vor Gericht zu gehen. Denke gut darüber nach. Will ich das wirklich tun? Und dein Ego wird dir sagen: Aber sicher, du bist doch betrogen worden. Dein Geschäftspartner hat dich um fünfzigtausend Dollar betrogen. Natürlich musst du ihn vor Gericht bringen. Sagen wir, du hast ihn tatsächlich vor Gericht gebracht und den Fall gewonnen. Du denkst, das ist gut. Aber irgendetwas wird geschehen, um das wieder auszugleichen. Du wirst immer wieder vor Gericht gehen müssen. Manchmal gewinnst du, manchmal verlierst du. Es gibt viele solcher Leute.

Wenn du zu verstehen beginnst, dass alles am richtigen Platz ist, wie kann dir dann irgendjemand etwas antun? Niemand kann dich verletzen. Niemand kann dir etwas, das wirklich deines ist, je wegnehmen. Warum sich also sorgen? Warum ärgerlich werden? Das macht das Leben soviel einfacher. Du fängst an, dir Sorgen zu machen und verärgert zu sein, weil du mit deinem begrenzten Ego-Verstand denkst: Nun, da bin ich also um fünfzigtausend Dollar betrogen worden, das war alles Geld, was ich besaß. Jetzt muss ich ins Armenhaus, ich werde obdachlos. Dein Verstand wird dich hereinlegen. Er wird dir alle möglichen schlimmen Dinge einflüstern. Wenn du nur über dich selbst lachen kannst und aufhörst, an diese Dinge zu denken,

dann wirst du herausfinden, dass du im Bewusstsein ein Stück
aufgestiegen bist und die Situation im Griff hast und dann alles gut ist. Erlaube deinem Verstand niemals, dich hereinzule-
gen, Spiele mit dir zu spielen und dir all die schlimmen Dinge
einzureden, die passieren könnten. Denn dann kommt die
Angst hoch und du rennst herum, weinst, versuchst Dinge zu
korrigieren oder gutzumachen, während du an all das Schlimme
denkst, das dir passieren könnte. Diese Dinge, über die wir gerade sprechen, sind sehr wichtig, weil sie dich davon abhalten,
an die Wahrheit und die Realität zu denken. Sie halten dich
von Moksha, von Befreiung ab, denn du beschäftigst dich die
ganze Zeit mit der materiellen Welt. Ich sage nicht, du sollst
nicht mehr über dein Geschäft oder deine Familie oder andere Dinge in deinem Leben nachdenken, aber mache es kurz und
schmerzlos. Denke ein paar Minuten über das alles nach und
lasse es dann los.

SELBST-BEFRAGUNG
UND GOTTES-ERKENNTNIS

Gehe zu deinem spirituellen Selbst zurück. Denke daran, wer
bin ich, was ist meine wahre Natur? Wer war ich vor meiner
Geburt? Wo kam ich her? Wir sprechen über „Ich", nicht du.
Bestimmt habe ich jetzt einige von euch erwischt, sicher habt
ihr an eure Menschlichkeit, an euer persönliches Selbst gedacht, als ich sagte: „Wo kam ich/Ich her? Wer bin ich/Ich?"
Du musst lernen, dass du, wann immer du das Wort „Ich" benutzt, nicht an dein persönliches Selbst denkst. Vergisst du das,
dann denkst du an das persönliche Selbst. Aber wenn du dich
erinnerst, ist das ICH GOTT. Ich ist Reines Gewahrsein, Absolute Realität. Wann immer du in Gespräche verwickelt bist
und das Wort Ich benutzt, denkst du an dein persönliches Ich.
Erinnere dich daran, dich zu ertappen. Ertappe dich immer wieder. So wirst du wachsen. So wirst du reifer werden. Lasse nie

einen Tag vergehen, ohne in dieser Weise an dir zu arbeiten. Rege dich nicht auf, wenn Situationen sich als gut oder schlecht erweisen. Beobachte die Situation und bleibe kühl. Erkenne, die Situation kommt zu mir. Ich erfahre dies. Das persönliche Ich erfährt diese möglicherweise missliche Lage. Nicht ich, das wirkliche Ich macht das nicht durch, das persönliche Ich macht das durch. Sobald du die Bedingung oder Situation, in der du dich befindest, nicht mehr fühlst, wird das persönliche Ich keinen Einfluss mehr haben und das wahre Ich kommt zum Vorschein. Du wirst dich von allein höher, spirtitueller, heiliger fühlen. Du musst nur vom persönlichen Ich loslassen, indem du nicht auf die Umstände reagierst. Dann wird automatisch das wahre Ich auftauchen, denn das bist wirklich du. Das ist deine wahre Natur. Das ist dein Swarupa, Gott, Brahman, Bewusstsein.

Kannst du dir vorstellen, was geschieht, wenn du den ganzen Tag lang ohne Unterbrechung daran denken würdest? Du wärest sofort erleuchtet. Vielleicht siehst du jetzt den Grund, der dich zurückhält: Du selbst. Du hältst dich selbst zurück. Warum? Weil du in deinem Verstand mit der materiellen Welt verwickelt bist. Denke daran, ich sage nicht, du sollst deinen Job aufgeben oder nichts mehr mit der Welt zu tun haben. Du hast einen Körper und dieser Körper wird Dinge tun. Aber mental solltest du nicht mit dem, was du tust, verwickelt sein. Dein Körper wird wissen, was zu tun ist, und er wird alles Nötige tun. Sei dein Selbst.

STEHE NACKT VOR GOTT

Noch einmal, was ich meine, ist Folgendes: Jede Lage, jede Situation, in der du dich gerade befindest, mit wem auch immer, mit dem was du hast oder nicht hast, was immer du in dieser Welt sein magst, ist der richtige Platz für dich in diesem Moment. Segne es, liebe es. Ich weiß, es klingt hart, wenn du an schreckliche Umstände denkst und du sagst: „Das soll ich lieben?" Lass es mich noch einmal erklären. Der Grund, weshalb du es liebst, ist: GOTT IST ALLES, WAS ES GIBT. Erinnere dich daran. ES GIBT NUR GOTT. Wenn du etwas hasst, dann hasst du Gott, und das bist du selbst. Es kommt alles aus dir. DU BIST DAS. Du musst lernen, deinem Selbst zu vertrauen und es zu lieben, dieses kostbare Selbst. Wenn du niedergeschlagen, deprimiert, hasserfüllt bist, dich selbst bemitleidest, das ist wirkliche Blasphemie, denn es geht um dein Selbst. Siehst du das nicht? Es gibt nur dein Selbst. Wenn du denkst, etwas sei schrecklich, dann sprichst du über dein Selbst. Schau die Situation an, beobachte sie, nimm sie wahr, doch reagiere nie, lasse sie in Ruhe. Dann wird dir die Kraft gegeben, damit umzugehen, ohne Nachdenken, ohne Gedanken, ohne Aufregung, ohne Lärm. An diesen Dingen musst du arbeiten.

Sei dieses Selbst. Habe nie mehr vor irgendetwas Angst. Ich möchte, dass dir das absolut klar ist: Erlaube niemals irgendetwas in dieser Welt, dir Angst zu machen.

Erlaube den Dingen, sich zu entfalten. Erinnere dich, du beobachtest einfach und nimmst wahr. Halte dich an die Wahrheit. Glückseligkeit wird von alleine kommen. Wenn du dich an die Wahrheit hältst und nicht auf die Umstände des Lebens reagierst, wenn du alles in Ruhe lässt und aufhörst, gegen das Leben zu kämpfen, dann gibst du nicht auf.

Die westliche Psychologie lehrt uns, nicht aufzugeben, sondern zu kämpfen. Aber ich sage euch, es gibt nichts zu bekämpfen. Das Einzige, was du aufgibst, ist dein Ego. Darüber ist die westliche Psychologie nie hinausgegangen. Darum weiß sie nichts vom Leben jenseits davon. Die westliche Psychologie geht von der Annahme aus, dass wir der Körper und der Verstand sind. Daher sagen sie, wir dürften nie aufgeben, wir sollten bis zum Ende kämpfen und für unsere Rechte eintreten. Aber in den höchsten Lehren der Wahrheit lernen wir, dass wir keine Rechte haben. Du gibst deinen Körper und deinen Verstand und dein Ego auf. Wenn das geschieht, bewegst du dich jenseits aller Psychologie. Etwas geschieht, von dem Psychiatrie und Psychologie überhaupt keine Ahnung haben. Du steigst in eine Dimension auf, wo es Glückseligkeit, Frieden, Mitgefühl, Liebe und Freude gibt, die sämtlich und ganz natürlich deine sind. Du wirst anfangen, genau diese Dinge zu fühlen – im Gegensatz zu dem, was du vorher gefühlt hast, als du das Leben bekämpft hast, als du für deine Rechte eingetreten bist und als du aus dem Ego heraus gehandelt hast. Du warst unfähig, Glück oder Freude oder Frieden zu empfinden. Nur manchmal, wenn du Recht gehabt hattest, wenn du eine Auseinandersetzung, einen Streit, eine Gerichtsverhandlung gewonnen hattest, dann warst du für eine Weile glücklich, aber es hielt nicht lange an. Und du musst das immer und immer wieder durchleben. So funktioniert die Welt, sie kennt nichts anderes.

Was ich damit meine, ist: Lasse alles gehen. Halte an nichts fest. Stehe nackt vor Gott, ohne Krücken, ohne etwas zum Festhalten. Von dem Moment an, wo du das kannst, wirst du höher steigen. Du wirst gewahr werden, dass du nicht der Körper oder der Verstand oder die Welt oder das Universum bist, sondern wahlfreies, müheloses Reines Gewahrsein. Du bist grenzenloser Raum, unendlich wie der Himmel. Du bist zu Allem geworden und Alles ist zu dir geworden.

Es kommt ein Zeitpunkt in jedem Leben, wo ihr nackt vor Gott stehen müsst. Und damit meine ich: Keine Weisheitslehren, keine klugen Worte, keine vorgefassten Ideen, kein spirituelles Kopfwissen, sondern völlige Nacktheit in Demut und Bescheidenheit. Wenn ihr also all eure Weisheitslehren vergessen könnt, alles was ihr gelernt habt, und wenn ihr euch gänzlich ausleeren könnt, dann werdet ihr voll werden.

ERINNERE DICH

Alles entfaltet sich wie es soll.
Sei ehrlich mit dir selbst, und die richtigen Dinge werden
in deinem Leben geschehen.
Danke für dein Kommen.
Ich liebe dich.

Erinnere dich daran,
Dich selbst zu lieben.
Dich selbst zu verehren.
Zu dir selbst zu beten.
Dich vor dir selbst zu verbeugen.
Denn Gott lebt in dir als du.

Om, Shanti, Shanti, Shanti, Friede.

GLOSSAR

Advaita Vedanta
Unterkategorie des Vedanta, der Weg der Nicht-Dualität

Ahimsa
(nicht schadend) Enthaltung von schädigenden
Handlungen, Gedanken und Worten. Wichtige moralische
Disziplin (Yama) im Yoga, Buddhismus und Jainismus.

Ajnani
Einer, der das Selbst nicht erkannt hat.

Ananda
(Glückseligkeit) Über den Verstand hinausgehende Glückseligkeit der grundlegenden Realität oder des Selbst im
Vedanta. Dies ist keine Qualität, sondern die wahre Essenz
der Wirklichkeit.

Arunachala
Der heilige Berg in Indien, wo Ramana die meiste Zeit
seines Lebens verbrachte.

Atman
(Selbst) Das transzendentale Selbst gemäß der nicht-dualen
(Vedanta) Schule, welches identisch mit Brahman ist.

Avatar
(Abstieg) Inkarnation des Göttlichen, wie Krishna und
Rama.

Bhagavad-Gita
(Gottes Lied) Früheste und berühmteste Yoga Schrift über
die Lehren des Gottes Krishna an Arjuna.

Bhakta
Anhänger des Bhakti-Yoga.

Bhakti

(Liebe, Hingabe) Spirituelles Empfinden von liebevoller Teilnahme am Göttlichen.

Bodhisattva

(Erleuchtetes Wesen) Spirituell Praktizierender im Mahayana Buddhismus, der gelobt hat, sich für die Befreiung aller Wesen einzusetzen und dafür seine eigene endgültige Verwirklichung zurückzustellen.

Brahman

Das unpersönliche Absolute gemäß dem Vedanta, der transzendentale Grund der Welt.

Buddha

(Erwachter) Name des Gautama, Begründer des Buddhismus.

Chit

(Bewusstsein) Reines Gewahrsein oder transzendentale Bewusstheit jenseits aller Gedanken, der ewige Zeuge.

Dharma

Das kosmische Ordnungs-Gesetz. Lehrgrundsatz.

Guru

Spiritueller Lehrer

Ishvara

(Herrscher) Persönlicher Gott

Japa

(Vortrag) Meditatives Hersagen von Mantren.

Jnana

Kenntnis des Selbst.

Jnani

Einer der das Selbst erkannt hat.

Karma
(Handlung) Handeln des unerwachten Individuums, welches das Gesetz von Ursache und Wirkung aktiviert.

Krishna
Inkarnation des Vishnu.

Kundalini
(Schlangenkraft) Kraft, die im tiefsten psychischen Zentrum des menschlichen Körpers verborgen liegt. Das Aufsteigen der Kundalini zum höchsten psychischen Zentrum erzeugt einen vorübergehenden Zustand ekstatischer Identifikation mit dem Selbst (im Nirvikalpa Samadhi).

Leela
Göttliches Spiel

Linga
(Zeichen) Der Phallus als Symbol für Kreativität, besonders in Verbindung mit Gott Shiva.

Mahatma
Große Seele, großer Mann oder Heiliger

Mantra
Ton, der den Verstand zur Konzentration bringt und zur Überwindung gewöhnlicher Bewusstseinszustände. Normalerweise werden die heiligen Worte vom Guru an den Schüler gegeben.

Maya
Illusion

Moksha
(Befreiung) Höchstes menschliches Streben: Befreiung. Synonym mit Selbst-Verwirklichung.

Nirvana

(Auslöschen) Das Überwinden des Ego, ein von Raum und Zeit unberührter Zustand. Nirvikalpa-Samadhi – (Ekstase jenseits von Konzepten) Samadhi ohne Wahrnehmung von Unterschieden, charakterisiert durch fehlendes Körperbewusstsein. Obwohl zeitweise Gewahrsein des Selbst in diesem Zustand vorhanden ist, gibt es keine sinnliche Wahrnehmung von Informationen und kein Funktionieren in der Welt. Wenn Körperbewusstsein zurückkehrt, erscheint auch das Ego wieder, es ist noch nicht völlig ausgelöscht.

Om

Schlüssel-Mantra des Hinduismus, Symbol für das Absolute.

Parabrahman

Höchstes Brahman

Pranayama

(Atemkontrolle) Vorsichtige Regulierung des Atems. Wichtigste Übung des Hatha-Yoga.

Puja

(Gebet) Rituelle Verehrung des Lehrers als Verkörperung des Göttlichen.

Rama

Wichtigster Held des Ramayama, als Inkarnation des Gottes Vishnu verehrt.

Rishi

Eine Art Vedischer Seher, der die Hymnen des Veda sieht.

Sadhana

(Erkennen) Spirituelle Übung zur Selbst-Verwirklichung.

Sadhu
Würdevolle Person oder spiritueller Sucher. Sri Ramana
benutzte diese Bezeichnung gelegentlich für jemanden,
der das Selbst erkannt hat.

Sahaja-Samadhi
(Natürliche Ekstase) Ekstase ohne Anstrengung.
Zustand des Jnani, der endgültig und unwiderruflich sein
Ego zerstört hat. Ein Jnani in diesem Zustand funktioniert
ganz natürlich in dieser Welt. Wissend, dass er das Selbst
ist, sieht er keinen Unterschied zwischen sich und den
anderen. Für den Jnani ist alles eine Manifestation des
unteilbaren Selbst.

Samskara
(Aktivierendes) Angeborene Tendenzen

Sat-Chit-Ananda
Sein-Bewusstsein-Glückseligkeit

Satsang
(Beziehung zur Wahrheit) Spirituelle Praxis, Zusammen-
kunft in der Gegenwart von einem, der das Selbst verwirklicht hat. Verbindung mit dem Sein.

Savikalpa-Samadhi
(Ekstase mit form-ideation) In diesem Zustand wird
Bewusstsein des Selbst durch dauernde Anstrengung
aufrechterhalten. Die Beständigkeit des Samadhi ist
abhängig vom Bemühen. Wenn Selbst-Gewahrsamkeit
nachlässt, wird Selbst-Bewusstsein durch Gedanken und
Vorstellungen überlagert.

Shanti
(Friede) Größtmöglicher Friede. Ähnliche Qualität wie
Selbst-Verwirklichung.

Siddhi
(Fähigkeiten) Übernatürliche Kraft als Ergebnis
Spriritueller Übungen.

Swarupa
Wirkliche Form oder wirkliche Natur.

Tiruvannamalai
Stadt ungefähr eine Meile von Sri Ramana's Ashram
entfernt.

Turiya
Der Vierte Bewusstseinszustand.

Vedanta
(Veda's End) Vorherrschende Hindutradition,
die lehrt, dass Wirklichkeit einzig und das Eine ist
(Nicht-Dualität).

Vedas
Vier Zusammenstellungen von Schriften der Zeit von
2000 bis 500 vor Christus, die die höchste Autoritäts-
quelle der meisten Hindus ist.

Vichara
Selbst-Befragung

Vishnu
Eine der drei Hauptgottheiten des Hinduismus.
Inkarniert sich regelmäßig im menschlichen Körper.

Yoga
(Vereinigung) Allgemeine spirituelle Praxis.

Stille, Teil 2

Die Stille des Herzens ist die Stille, die auf uns wartet, wenn wir zutiefst erkennen, dass unser Verstand nicht existiert. „Der schnellste Weg zur Realisation besteht darin, still zu sein", sagt Robert Adams, „doch du musst verstehen, warum du still bist. Still zu sein bedeutet, tief, tief, ganz tief zu jenem Ort zu gehen, wo die absolute Realität zu Hause ist."

Robert Adams
Stille des Herzens, Teil 2
196 Seiten, Broschur
ISBN 978-3-933496-50-8

Kamphausen Media